天津市哲学社会科学研究规划项目（项目编码：TJYY15-033）

天津国家自主创新示范区发展模式研究

TIANJIN GUOJIA ZIZHU CHUANGXIN SHIFANQU FAZHAN MOSHI YANJIU

王 洪 著

中国铁道出版社
CHINA RAILWAY PUBLISHING HOUSE

内 容 简 介

本书在系统研究自主创新及自主创新示范区一些理论基础上，参考国内外国家自主创新示范区建设的一些成功经验，深刻分析天津国家自主创新示范区建设取得的成效及存在的问题，在天津国家自主创新示范区发展模式和对策研究上有所创新，以便能够进一步推动天津国家主自创新示范区建设，为其他地区国家自主创新示范区建设起到示范、带动作用，促进中国实现关键技术的创新。

本书适合作为经济与管理类各级院校相关专业的教材，也可作为实际部门的参考用书。

图书在版编目（CIP）数据

天津国家自主创新示范区发展模式研究 / 王洪著 .—北京：中国铁道出版社，2019.1

ISBN 978-7-113-25521-3

Ⅰ. ①天… Ⅱ. ①王… Ⅲ. ①高技术开发区－发展模式－研究－天津 Ⅳ. ① F127.21

中国版本图书馆 CIP 数据核字（2019）第 027323 号

书　　名：**天津国家自主创新示范区发展模式研究**
作　　者：王　洪　著

策　　划：张文静　　　**读者热线**：（010）63550836
责任编辑：张文静　冯彩茹
封面设计：刘　颖
责任校对：张玉华
责任印制：郭向伟

出版发行：中国铁道出版社（100054，北京市西城区右安门西街 8 号）
网　　址：http://www.tdpress.com/51eds/
印　　刷：北京虎彩文化传播有限公司
版　　次：2019 年 1 月第 1 版　　2019 年 1 月第 1 次印刷
开　　本：710 mm×1 000 mm　1/16　**印张**：12.5　**字数**：140 千
书　　号：ISBN 978-7-113-25521-3
定　　价：39.00 元

前　言

我国“十三五”时期将要面对一系列的问题，比如科技的创新能力还处于比较弱的阶段，科学发展受体制机制的制约。因此，我们应做好六个方面的工作：第一，要继续坚持把科学发展当作主旨方针；第二，要坚持把转变发展方式当作核心；第三，要坚持切实实施人才强国的战略以及科教兴国的战略；第四，要加快现代服务业以及战略性新兴产业的发展；第五，要把科技进步和创新的这种支柱作用充分地发挥出来；第六，要坚持加快促进经济结构转型的同时更加注重结构调整。转变现有的经济发展方式的关键之处就是要能够建立健全市场机制，继而可以营造出健康的制度环境以及社会环境，也可以有效地激发经济的内生活力。然而，从长期视角来考虑，可以发现中国高新区的建设关键是要依赖政府财税、土地优惠等手段去吸纳高新技术企业，其中的重中之重是吸引知名大型跨国公司的入驻，努力构成企业的空间集聚。伴随这种发展模式而来的问题有两个：一是内生创新机制的缺失；二是发展动力的不足。然而从事实上看，高新区的发展在需要增加人才、资本和技术这三大生产要素投入的同时，还需要我们转变发展的方针，以寻找到创新型更好的体制机制，完善制度保障，增强区域的创新以及内生发展的能力。当前，我国正处在建设创新型国家的一个决定性时期，我国的经济结构优化升级的要求也更加迫切，投资以及要素驱动转向创新驱动的动力也越来越强劲，从而建设自主创新示范区也就有了一个新的功能，就是变成了我国在新的阶段增强自主创新能力以及建设创新型国家的核心方法；另一方面，也是我国增强转变经济发展方式的综合竞争能力的一个战略性的决定。随着我国改革的进一步推进，为了强化高新区在创新引领以及内生增长这一方面的示范作用，从2009年开始相继批准与建设了上海的张江、武汉的东湖、北京、天津、广州、深圳、安徽的合芜蚌、湖南的长株潭等多达15个国家自主创新示范区，我国国家自主创新示范区在增强高技术产业发展以及自主创新方面打造了示范性的区域，探索了经验；另一方面，先行先试，在我国探索“创新驱动”这种经济发展模式方面也发挥了两个作用，其中一个作用是“试验地”，另一个作用是“先行区”。国家自主创新示范区的功能是将它打造成我国自主创新的一个龙头，帮助促进我国实现关键技术的创新以及突破，为其他地区的自主创新起到带动以及引领的作用，通过加快引领大家创业创新及创新驱动，增强其辐射的功能。在这里尤其要指出的是，在“十三五”时期，一方面，国家自主创新示范区应该敢于先试和先行；另一方面，应该敢于冲破传统的体制机制的一些羁绊，尽可能充分地发挥出高新区的资源聚集效应，增强以下四个方面的体制创新：一是风险规避；二是加强投融资；三是创新激励；四是成果转化。同时，应该做好三个方面的工作：第一，要做好培育示范区的内在创新能力的工作；第二，要做好增强高新区的内生发展动力的工作；第三，要做好最大程度地发挥“典型”示范效应的工作。由于天津同时还具有下面四个特点：天津是我国的四大直辖市之一；天津是我国对外开放的北方门户；在环渤海地区天津是经济中心；天津是“一带一路”的节点城市。于是，在国家自主创新示范区建设方面，天津更加应该走在全国前列。本书在系统地研究自主创新以及自主创新示范区的一些有关的理论基础之上，参考国内外国家自主创新示范区建设的一些成功经验，深刻地分析天津国家自主创新示范区建设取得的成效以及存在的一些问题，提出可操作的对策，以便能够进一步推动天津国家自主创新示范区的建设。

本书由王洪著。在著作完成过程中，张莹、何婷、李佳敏和王梦倩做了大量的资料搜集与整理工作。

本书在撰写过程中，参考了国内外许多学者的著作和论文等，吸收了不少同行的研究成果，由于来源较为广泛，除列出主要参考文献外，其他无法一一列举，在此一并致以衷心的感谢。

由于著者水平有限，书中难免存在疏漏和不足之处，恳望各位专家和广大读者批评、指正。

王　洪

2018 年 12 月于天津

目 录

第一章 国家自主创新示范区的相关理论研究……1

第一节 自主创新的相关理论……1

第二节 国家自主创新示范区的相关理论……13

第三节 关于国家自主创新示范区的理论依据……19

第二章 自主创新促进战略性新兴产业发展的机制分析……26

第一节 自主创新促进战略性新兴产业发展的相关理论……26

第二节 自主创新推进战略性新兴产业发展的机制……35

第三章 国内外自主创新示范区建设的成功经验及启示……46

第一节 国外自主创新的成功经验及启示……46

第二节 国外自主创新示范区建设的成功经验及启示……61

第三节 我国国家自主创新示范区建设的成功经验及启示……77

第四章 天津国家自主创新示范区发展现状分析……92

第一节 天津国家自主创新示范区概述……92

第二节 天津国家自主创新示范区建设取得的成效……103

第三节 天津国家自主创新示范区建设存在的主要问题……110

第五章 天津国家自主创新示范区发展模式及对策……120

第一节 天津国家自主创新示范区发展模式分析……120

第二节 促进天津国家自主创新示范区发展的对策分析 125
第三节 天津国家自主创新示范区与天津自由贸易试验区协同发展的对策 163

第六章 自主创新、商业模式创新促进战略性新兴产业发展 176

第一节 依靠自主创新促进中国战略性新兴产业发展的新思考......176
第二节 创新商业模式促进中国战略性新兴产业发展的对策......184

参考文献 193

第一章　国家自主创新示范区的相关理论研究

从目前的情况看，我国处在建设创新型国家的决定性的新阶段，然而，在新的历史阶段，国家自主创新示范区的建设有两个重要的作用：一是它是提升自主创新能力和建设创新型国家的一个根本措施；二是它也是我国提升综合竞争力以及转变经济发展方式的一个战略性的选择。本章将侧重讨论两方面的内容：一是一些有关自主创新的相关理论；二是自主创新示范区的相关理论。通过这两方面内容，为更好地建设天津国家自主创新示范区奠定一定的理论基础。

第一节　自主创新的相关理论

一、关于自主创新的概念内涵与方式

（一）自主创新的概念内涵

自主创新是指企业在技术层面上靠自身或协同研创出具有突创

性、价值高的成果，且助推技术成果面向国际、国内加快实现其产业化、商品化，并使商业利润得以实现。

中国经济增长方式、产业结构的转变及调整的关键是依靠过硬的自主创新能力，非常大力度地提高以下三个方面的创新能力：第一个是引进消化吸收再创新能力；第二个是集成创新能力；第三个是原始创新能力。

从企业层面上看，一般情况下人们所说的自主创新指的是一种知识产权，这种知识产权对产业的发展有很大影响力，自主创新得以实现的方式是：集大成创新和引进基础上的进一步创新，从而达到两个目的的一种创新活动。两个目的包括达到提高企业的核心竞争力和推出自己的创新品牌。

技术创新只是自主创新的一个重中之重。但是，我们却不能将自主创新认为是一种技术创新。从事实上说，现今的自主创新已经包括了五个影响企业生存与发展的重要的层次：第一个是技术创新；第二个是产业创新；第三个是品牌创新；第四个是管理创新；第五个是文化创新。然而，假如只单纯地强调技术创新，企业反而在三个方面（企业文化、产品品牌、管理方式）上无法跟上来，这样技术创新就不能实现。在前些年，我国一部分企业进入一种怪圈，这个怪圈就是“引进—落后—再引进—再落后”，却无法形成“引进—创新”这样的机制，其中的原因在这里就可以看到。实际上，自主创新也是一个系统的工程，从技术创新过渡到企业的整体创新应该是其趋势。

从社会层面上来看，自主创新包括了更多方面的一些内容，例如以下五个方面：①政府业绩考核的创新；②创新平台的创新；③社会环境的创新；④创新载体的创新；⑤社会氛围的创新。

（二）自主创新和技术创新的异同

一般来说，自主创新和技术创新之间不仅有共同之处同时还有很多不同之处。从一个方面来看，没有技术创新奠定基础、提供前提，就无从开展自主创新。一个区域要想构建自主创新系统，必须以技术创新系统的建立为基础。而从另一个方面看，技术创新不等同于自主创新，两者有差异，主要表现为以下四个方面：

（1）表现为目的差异。技术创新为了获取创新带来的收益，始终以市场的需求为导向，主要着眼于当前，在技术上进行短期创新活动；然而实际上自主创新的目的并不是单一的，它不是单纯地为了应对市场发生的一些变化，也不是单纯地为了得到在市场上主导者的位置，更加重要的是能够具有持续的自主创新能力，并且能够形成一种竞争优势，而这种竞争优势最大的特点就是具有持久性。自主创新有一个重点，就是从长期的可持续性的创新去考虑，一般情况下，统筹谋划的是三个时期的技术创新活动，这三个时期分别是长期、中期以及短期。

（2）在创新的条件上。事实上，不管企业的规模大小如何，也不管现有创新的能力如何，技术创新活动都能够展开。但无法避免的是，自主创新对企业自身的要求比较高。从概念上来说，它并不泛化，而是一种创新活动以及科学决策，这种创新活动和科学决策是根据外部的环境以及自身的条件来展开的。

（3）在创新的方式上。技术创新能够通过三个方式来达成，第一个方式是直接引进外部研发机构，第二个方面是技术购买，第三个方面是委托研发等方式来达成。然而，在一般情况下，自主创新所强调的重点是创新的内生突破，关键技术必须由自我掌控，非主要技术的研究即可以由自己进行，还可以通过直接引进外部的研发机构、技术购买或者由他人代理研发这三种方式来实现。

（4）在获得创新主控权上。一般来说，技术创新主要是获得领先的技术；然而自主创新不仅要获得领先的技术，而且更强调通过创新获得对技术发展的主控权，以便获得创新收益。

（三）自主创新的三种方式

1．原始创新

我们所说的原始创新，就是指在研究开发这一方面，尤其是指在两个领域能够有所发现或有所发明，进而推出我们所需要的创新成果，而这两个领域分别是技术研究领域与基础研究领域。创新的原创性使科学技术的变化表现在推动事物发展，同时它也促使人类在认识和生产力两方面产生质的跳跃；它也体现着两个方面：一是它对人类文明的进步所做的贡献；二是它体现着一个民族的智慧。

原始创新还含有以下三个特点：第一个特点是其内在性，主要靠知识与能力支撑；第二个特点是靠内生性技术，实现在技术上的突破；第三个特点是在市场开辟上领先。通常，原始性的创新模式是没有其他企业的介入，这样就会有三个好处。一个好处是能够防范自主技术专长泄密；另一个好处是阻断同伴的机会主义行为；第三个好处是信息与知识的交换以及流动一般都会随着技术的开发而出现，而企业内部的人员之间的交流也变得更加容易一些。原始性创新能提高工作效率和开发效率，因为它能够依照企业的熟知方式与程序开展。

然而，原始性创新模式的一些缺点却是它不能够回避的：第一个缺点是投入比较大，也就是说一方面需要有实力较为雄厚的研发队伍，另一方面需要比较大的资金投入；第二个缺点是风险较高，也就是研发项目的成功率较低，不确定性也比较高；第三个缺点是不易开辟市场，并且耗时，成果易被别人占有且导致收益受损；第四个缺点是如果知识产权没有有效地受到法律的保护，原创的创新成果就会被他人侵占。

2. 集成创新

创新要素的优化和整合是由创新主体形成的，这里的创新要素主要有四个方面：第一个方面是组织；第二个方面是技术；第三个方面是知识；第四个方面是战略。这四个方面使它们之间可以用最合适的形式来结合，从而形成一个有机整体，使它具有适应进化性以及功能倍增性，通过组织学习这样的方式为竞争优势与商业创新创造一个良好的管理秩序。在技术集成创新中，占有技术的各方，通过签署技术合同，利用自己的长处和控制的必需资源，对不同阶段的技术创新负责。分配创新风险和创新收益一定遵循合同事先确定的方式，从整体上优化技术资源并产生技术集成创新优势。

在企业，通过不停地将创新交汇融合来实现创新的集成，通过产品和企业成长中各组成部分的以下六个方面集成在一起：第一个方面是创新能力；第二个方面是创新流程；第三个方面是创新要素；第四个方面是创新实践；第五个方面是创新主体；第六个方面是竞争力。集成创新显现四个特征：第一个特征是系统性；第二个特征是集成性；第三个特征是持续性；第四个特征是结构化。正因为有这四个特点，才能够为企业成长打造长期的竞争性优势。

3. 引进、消化、吸收、再创新

它的概念可以这样来理解，指的是一方面要使用国外的先进技术与产品，另一方面也要通过使用各种研究手段，分析与科学测试，以便全方位把握产品技术，提升自己的开发技术和研发技术的层级，以此为基础创新出具有自主知识产权的技术以及新产品。

实际上，可以说“引进、消化、吸收、再创新”战略，主要是追随与吸取前者或者别的最前沿的一些科学成果，并力争有新突破。“引进、消化、吸收、再创新”战略得到了人们更加理性的认识仅仅是因为这种战略和自主创新能力紧密地联系在一起。

二、关于自主创新的能力

（一）自主创新能力的内涵和构成

自主创新实现路径是研发—设计制造—市场实现—价值创造。如果自主创新能够沿着这一路径顺畅实现，那么创新主体就具有与对手进行竞争的优势，尤其是在市场运作、研究开发以及产业化应用这三个关键的环节，这也就是所说的自主创新能力。自主创新能力分为国家和企业两个层面。

依靠自身或者主要依靠自己在技术上实现突破来支撑经济发展和保障国家安全，并影响世界科技的发展，这就是国家自主创新能力。

企业自主创新能力是指企业能够整合各种资源并运用，以便实现高效率，进而实现重大产业核心技术的突破，创建自己的品牌，并因此掌控价值分配过程的能力。

自主创新指的是以下四种不同的能力的相互作用：第一种能力是创新的主要承担主体掌控和运用资源的能力；第二种能力是为创新的主要承担主体使用资源构造好的环境和载体的能力；第三种能力是科技成果的创新产出能力；第四种能力是培育自主市场品牌的能力。自主创新能力也可以简单概括为下面提出的五个方面：

（1）资源能力。自主创新的资源主要含有三种：第一种是物质资源；第二种是财力资源；第三种是人力资源。资源能力也可以被认为是创新主体具有或者实际上能够运用上面所介绍的三种资源的一种能力。使资源的运用达到高效的能力是自主创新能力的基础，因为它决定自主创新能作用于多大的空间及未来趋势，需要将基础研究投入作为考量资源能力的一个非常重要的指标，20 世纪后期大量技术革新成果得益于基础研究领域的初始性创新，因此，自主创新能力形成的前提条件也就变成了基础研究的组织形式以及投入。

（2）载体能力。一般情况下，人们所说的载体指的是自主创新活动的一种社会组织机构，具体来看，创新载体一般包括三个：第一个是研究机构；第二个是企业；第三个是大学。载体能力指的是将创新资源合理搭配，这里所说的创新资源包括三种：第一种是物质；第二种是资金；第三种是人力。也可以说载体能力就是实现要素向产品以及品牌转换过程的一个载体。载体能力主要指的是三种创新载体（大学、研究机构、企业）的实力和水平，决定自主创新的层次以及效率。这些机构从事研发活动的核心资源一般有四种：研究型大学、知名研究机构中的大企业中的工程技术研究中心、国家重点学科，以及国家重点实验室。

（3）环境能力。环境的内涵有两个方面：一是自主创新需要环境这一社会支持体系；二是环境是为创新资源要素市场提供政策、体制、文化支撑的载体要素。环境能力即国家（或区域）对自主创新能提供保障和支撑的能力。一个国家特定区域创新资源能否有效流动受其对外开放度的影响极大，同时，实践证实技术流动会带动资本流动。对正在发展的国家而言，外资利用水平极大地影响其对他国技术吸纳的能力，吸纳外资水平是提升其创新能力的不可缺少的条件。

（4）成果能力。成果是一种技术发明，也可以说是一种科学发现，而这种技术发明或科学发现是以四种形式体现的：第一种是专利；第二种是著作；第三种是论文；第四种是专有技术。成果的内涵总结起来有三点：首先，成果是之前通过创新活动创造的结果；其次，它也是后续创新的投入；最后，它直观展现了自主创新能力。成果能力就是进行创新的主体借助支撑创新的载体平台，为社会运用创新资源提供以下三方面成果的能力：第一个方面是市场品牌；第二个方面是科学发现；第三个方面是技术发明。

（5）品牌能力。品牌是具有良好信誉、较高市场占有率的著名企业与产品，同时，品牌可以表现自主创新能力在市场中得以实现。品牌能力有两个功能：第一个功能是它可以反映创新取得的成果转化为生产力的程度；第二个功能是可以反映品牌拥有者对价值分配的掌控度。

（二）对一个区域自主创新能力加以客观科学分析的规则

现在对一个区域竞争潜力、自主创新能力更多的研究基于的层面有四个：企业层面；城市层面；区域层面；国家层面。为了更实用、更客观地对自主创新能力加以分析，应遵循下述原则：

（1）综合和分项两方面分析有机结合。综合分析是把分项分析加和之后得出来的结果。然而实际上，全部综合分析很难展现全部分项分析所展示给人们的所有有效信息，这样就有把分项分析看作一个重要环节，为了突显被分析对象的特色优势，需要把对分项指标的一些特定优势的分析和综合分析的总体排序有机结合。

（2）数理和机理分析有机结合。通常来说，所有评价指标都具有两个含义，一个是具有经济学含义，另一个是具有社会学含义，特别是一些综合性指标中拥有很多有用信息，对未来可能的发展态势具有预见性。所以，做数据分析不能仅仅把排序当作工作的全部，研究的重中之重应该放在运用数理分析和机理分析有机结合的方法加强对分项指标与综合指标比较后结果的分析上，以便最大限度地挖掘其社会价值。

（3）趋势分析和状态分析有机结合。自主创新能力既要分析和比较现实能力，也要分析和判断发展趋势，这就需要从对历史数据的分析中对发展态势做出估测，得出立足实际的综合性分析成果。

（4）能力分析、能力建设、对策设计有机结合。为提升能力提供指导的能力分析是自主创新能力分析的意图，关键是注重实现分析的社会功能，使分析研究有重点，使分析结论在经济与社会发展中发挥更大效能。

（三）分析衡量国家或区域自主创新能力的指标构成体系

依据决定自主创新能力高低的要素，按照自主创新能力创建原则，提出一级指标（5 个）、二级指标（12 个）与三级指标（32 个），如表 1.1① 和表 1.2 所示。

表 1.1　衡量区域自主创新能力的指标

一级指标	二级指标	三级指标
资源能力	创新人力资源	工程师和科学家人数（万人）
		科学家和工程师 / 科技活动人员（%）
		企业科学家和工程师（万人）
	创新财力资源	R&D 经费支出（亿元）
		基础研究投入（亿元）
		R&D 经费支出占 GDP 的比重（%）
		企业 R&D 经费支出总量（亿元）
载体能力	基础研究载体	国家重点实验室（个）
		国家重点学科（个）
	技术创新载体	国家工程技术研究中心（个）
		国家工程研究中心（个）
		孵化器个数（个）

① 刘凤朝，潘雄风. 基于集对分析法的区域自主创新能力评价[J]. 中国软科学, 2005(11)：35.

续表

一级指标	二级指标	三级指标
环境能力	宏观经济环境	国内生产总值（亿元）
		政府财政收入（亿元）
	市场化程度	非国有经济所占比重（%）
		民营科技企业销售额占企业销售额比重（%）
	国际投资规模	外商直接投资（亿美元）
		技术市场成交额（亿元）
		对外投资额（亿美元）
成果能力	专利	发明专利授权量（件）
		近三年发明专利申请量年均增幅（%）
		发明专利占专利授权量比重（%）
	论文	国际论文数（篇）
		近三年国际论文年均增幅（%）
	新产品	新产品产值（亿元）
		新产品产值占工业总产值比重（%）
品牌能力	商标	商标注册数（件）
		著名商标（件）
		驰名商标（件）
	产业国际竞争力	高技术出口额（亿美元）
		近三年高技术出口额年均增幅（%）
		高技术出口额占工业增加值比重（%）

表 1.2　衡量国家创新能力的指标

一级指标	二级指标	三级指标
创新投入	创新投入	R&D 支出占 GDP 比重（%） 科技人员比重（%）
创新产出	知识创新	高校和科研院所每年发表论文数、三大检索论文数量、国家级科技奖励
	科技创新	专利数、企业新产品销售额 / 销售总额（%）、商品出口额占全国的比例（RCA）
创新转化	创新转化	科技成果转化率（%）、技术消化吸收率、技术改造经费支出
创新环境	创新环境	工业园区的产值比重、三次产业比重、外商直接投资额、人均国内生产总值、人均公共绿地面积、百万人口大学以上学历人数、人均教育费用、国家重点实验室数量、公路、铁路及水路里程
产学研合作	产学研合作	高校科技园的投资额、高校 R&D 支出中来自企业的投入比例、企业 R&D 支出中来自公共基金的投入比例、科技服务机构数量、技术市场成交合同金额

数据来源：根据相关资料整理。

三、影响企业自主创新动力的因素分析

（一）影响企业自主创新动力的内部要素

1. 企业自主创新的意愿

企业进行自主创新的内在意愿的强烈程度就是其是否具有把自己作为自主创新主体这种强烈意识。在市场经济中，企业是自主创新的主体。自主创新有三个优势：①通过自主创新能够降低生产成本；②通过自主创新能够提高生产效率；③通过自主创新能够提升利润率。与此同时，可以将竞争对手驱出市场，最后得到垄断利润的一个方法就是降价策略。所以，企业进行自主创新的最简单的动因是经济利益的驱使，而经济利益的驱使同时是促使企业自主创新的内源动力。

2. 在自主创新方面企业自身应具备的能力

影响企业自主创新方面的能力一般有三个方面，即竞争的状况、企业自身的条件、市场的需求。这种能力是组织人员进行开拓新市场以及技术研发过程中的一系列能力与要素的综合体现，同时也是企业自主创新活动的最核心的保障力。在多种要素中，最核心的要素是人，特别是企业家与企业家精神。决定企业自主创新投资能力强弱的是资金要素，自主创新需要在四个方面投入大量的资金：设备投入；培训；人员引进；技术研发。而组织要素体现在自主创新活动是在多个部门之间的共同协作下完成的，这些部门基本上有四个：销售；生产；市场调研；研发。而有时还需要和以下其他三个部门一起进行技术的创新活动：科研院所；高校；企业，这就对企业有了一定的约束，这个约束就是企业要具有完善的组织制度以及良好的管理制度去确保自主创新活动能够顺利地展开。

（二）影响企业自主创新动力的外部要素

1. 企业自主创新靠市场需求拉动

一方面，企业自主创新得以实现的最终场所是市场；另一方面，市场需求既是自主创新活动的动力源泉又是自主创新活动的最基本起点。市场需求如果发生变化，会对以下几个方面产生影响：企业的利润水平；市场销售水平；产品开发新思路；会给企业提供新的市场机会，从而引导这些企业开展自主创新活动。

2. 市场竞争是企业自主创新的外部助推力

所有的自主创新活动只能为企业带来短暂的市场先机，当竞争对手向市场推出相同的产品时，在大多数情况下，企业自主创新活动来自于激烈竞争的强大压力。企业在两种情况下（第一种是市场需求的拉动；第二种是在市场竞争的催化下）开展创新活动并且得到创新收益时，便会引来更多的企业进入创新活动中，于是一些隐性的市场需求就会以更快的速度变成现实需求。因此，为了拿到这些需求去进行竞争的困难就会变大，这就又促使企业去寻找新的市场，展开新的创新活动，从而再次形成一个完整的创新循环。

3. 政府政策是自主创新的外部引导力

一般来说，企业自主创新的市场动力机制有两个，第一个是市场需求，第二个是市场竞争，但在四种情况下（第一种是在一些产业的发展初期；第二种是在市场发育还不够健全；第三种是失效；第四种是市场机制动力作用不足）通过政府的激励政策去有效地引导与刺激企业自主创新活动就显得很有必要。

自主创新的主力是企业，但是，政府对于企业自主创新的过程也有着举足轻重的作用，这在发达国家与新兴工业国家的实践中能够得到证明。欧美一些发达国家的政府也都尽全力支持企业的自主创新，从而增强企业的两个能力：生产能力、开发能力。并最终形成企业的两种竞争力：国家竞争力、市场竞争力。

第二节　国家自主创新示范区的相关理论

一、国家自主创新示范区的内涵及特征

一般情况下，国家自主创新示范区指的是众多高技术企业组成产业群，这些企业即相互独立又不可分割，它的内涵体现在以下几个方面：

（1）依托较高质量的智力要素的高度汇集。

（2）具有基础较雄厚的大工业和交通网络的发达。

（3）在地域上政府给予其一定空间，在政策上给予扶持。

（4）把创造出的高技术成果国际化、商品化和产业化作为基本的功能。

（5）拥有独特的创新潜能的地区。

这种特定的经济发展区域是由四种机构即企业、研究院所、综合服务以及大学与政府组成的，它的目的是通过社会资源与产业的综合规划，构成新的发展中心，从而打破原来的发展机制的一些限制，从而可以带动整个区域经济发展，区域内的技术创新主体也就是各企业以及生产部门是它的最核心的主体，除此之外，还有作为知识创新主体的一些科研机构与高校，作为资源配置创新主体的中介机构或者综合服务部门，作为制度政策创新主体的一些政府部门。这里主要把金融部门、以培养人才为功能的高校和对创新进行服务

的中介等机构归纳到区域内环境部分。企业是经济活动的主体，也对两个方面（创新成果的产业化、创新成果的市场化）具有直接助推的作用，所以，企业顺理成章地成为主体要素。国家自主创新示范区内的科研机构（企业科研机构、高校科研机构与独立科研机构）是示范区内创新的核心主体。政府在该区运行体系中扮演着三个角色：它是创新活动规则的制定者以及监督者；它是创新活动的直接参与者；它是创新主体重要创新活动的实验者，同时也是研究者。这几个创新主体是整个创新系统中非常重要的组成部分，在创新示范区甚至是整个区域的发展中能够互惠互利，共同目的就是能够调动区域内的合作各方共同创新，从而得到四个基本效果：协同效益、社会资本、知识溢出、资源共享。

自主创新示范区的内涵可以总结为两条：第一是它能够表示在特定区位上以学习型为特征，网络比较密集的特别区域；第二个是它也是世界所有企业的理想化的栖息场所以及知识经济中的有关机构。自主创新示范区的基本职能是为知识技术在大学、科研机构、企业之间的有效流转提供便利；创新型企业的成长以及产生要加快，就必须要通过衍生与孵化的过程，提供较高质量的设施、场所以及别的一些增值服务。科学园的最主要任务是提供最好的创新创业基础设施以及专业化的支持性服务，特别是支持与鼓励初创企业，为成长中的高新技术企业提供孵化服务，加强与经济发展机构合作，在业务上把高等教育机构、研发机构和大学相连接，对商务、技能上的转让实施管理，给中小型企业提供技术等。

在现在这个阶段，比较有效的自主创新示范区大概含有几个以下共性：变成高新技术活动以及研发的基地；有几个或者一个开展科研的大学、工程学院与学院；较好的基础设施以及商业服务；良好的生态环境；拥有长远发展规划的三个重要角色：政治、科学、领导者。在全球发展完善创新网络中，全球创新网络的中心主要是由国际一流自主创新示范区组成的，已经不再简单地认为自主创新示范区的强大生命力是来自于以下两个方面：一是致密的内部网络；二是它可以有效地转让以及商业化的自有和自创知识。除此之外，知识网络中的集群与外部地区的作用也越来越凸显。即使当地网络继续提供知识转移与商业的机制，但实际上就中小企业集群来看，知识来源与创新最重要的还是源自于全球知识网络。从这里可以看出，很多关键要素不但决定着自主创新示范区发展的成功和失败，同时也存在世界一流自主创新示范区的共性，包括六项公共政策：强大的创业文化；科学基础；资金的可得性；面向全球化吸引人才的能力；在公共政策上的支持性；强有力的知识产权保护、监管以及全球范围的网络连接。

高新区和自主创新区的特征比较如表 1.3 所示。

表 1.3 高新区和自主创新示范区的特征比较

特 征	高 新 区	自主创新示范区
发展模式	外延式	内生式
发展动力	各种要素驱动，如政策	创新驱动
重点建设	硬环境建设	软环境提升
发展路径	招商引资	自主创新
园区形态	多为独立产业区	城市综合功能区
空间特征	多为大尺度，用地功能较为单一	多为紧凑高密度或依托自然环境的高度混合

数据来源：根据相关资料整理。

二、国家自主创新示范区的资源要素与主要发展模式

从自主创新示范区功能要素的角度来看，截至目前，构成自主创

新示范区的主要资源要素，主要包括以下几大类别：

（1）创新信息资源。伴随着一个特别时代即智能终端的大数据、“互联网 +”以及云计算的来临，IT（信息技术）时代不久就会进入 DT（数据技术）时代，即将充分体现的一种价值就是信息价值，如何方便地获得重要信息要素以及该要素在创新中的地位尤为重要，与此同时，会渐渐地形成信息生产力这样的理念，那么在创新的基本构成中纳入信息要素，就会成为创新的一种重要资源。

（2）创新环境资源。创新环境资源是一种外部保障要素，指的是在维系与促进创新上，主要包括四个创新资源保障条件，即政府、创新文化氛围、基础设施、科技中介服务机构和土地。

（3）创新要素资源。它是自主创新示范区技术创新的基础型要素，主要包括四个方面：知识技术、企业、创新要素主体（高素质的人力资源）、资本资源。

在区域创新的构成中，企业是技术创新的行动主体和创新核心要素，企业负责整合技术创新中的所有要素；政府也是实施创新的一个要素，它的核心作用是打造应用的体制政策以及有利于知识创造、扩散的一种环境；作为承载自主创新示范区的实物载体，土地这类资源要素是自主创新示范区得以持续发展不可或缺的资源。在文化方面，创新这一要素在决定高新区能否长久发展中发挥着两个作用：它是深层次精神动力；它是重要的支撑力。

自从 1951 年世界第一个科技园区——美国斯坦福研究园区成立以来，从现在的情况来看，世界上现在所拥有的各种高科技园区数量已经超过一千个，其中，西方发达国家占到的比率超过 80%。据 M. P. 霍尔 (Peter Hall) 以及卡斯特尔 (Manuel Castells) 这两位来自美国加州大学伯克利分校的教授的研究，从国家自主创新示范区的发展模式上来看，可分为以下几种模式：

（1）产业上形成综合体模式。该模式也就是把众多高科技公司发展成产业综合体，它的一种典型形态就是美国的硅谷、波士顿的128公路地区。

（2）建成一座科学城模式。该模式由政府划定一个区域加以建设，把一批技术专家和科研机构招致于此，在创新上协同合作。其典范一共有三个：第一个典型形态是韩国的大德；第二个典型形态是日本的筑波；第三个典型形态是俄罗斯新西伯利亚科学城。

（3）技术园区模式。该模式通过在一定的区域引进一批高技术的产业公司，集中兴建基础设施，促成一种园区，这种园区的特点是拥有一定的竞争力，具体又可细分成三种形式：大学倡议兴建型；混合筹建型；政府规划型。分别坐落于我国台湾、法、英的新竹、索菲亚—安迪波里斯和剑桥。

（4）高新科技城模式。以日本为代表，该模式就是把科技城建在一个国家的比较边远的地区，以此对比较落后地区技术和经济的发展加以带动。

在现有的国家自主创新示范区的几种发展模式中，世界国家自主创新示范区的典范是硅谷模式。然而，实际上硅谷的发展模式不仅仅是一种完全市场化的产物，这与三个原因有关：第一个是美国宽松的投资环境；第二个是完备的法律体系；第三个是非常发达的市场经济，其中政府作用的发挥也很关键。

（四）国家自主创新示范区的评价指标体系

世界一流国家自主创新示范区建设评价指标体系、指标集及主选指标如表 1.4 所示。

表 1.4　世界一流国家自主创新示范区建设评价指标体系、指标集及主选指标

评价主题	指 标 集	主选指标
创新创业环境	提供服务的公共平台数量、风险投资机构的数量、风险投资数额、风险资金占实收资本的比重、创业企业每年新增的数量、交通状况的数量、环保状况、园区公共基础设施完善程度、对高新区科研机构—企业—政府合作密切程度评价（定性）、孵化器数、在孵企业数、毕业企业总数	风险投资机构数 风险资本投资额
创新要素集聚度	研发人员数、千人拥有研发人员数、千人拥有的大专（含）学历以上从业人数、中高级职称科技人员数、中高级职称科技人员比重、大学或研究生学历以上人员比重、高等院校数、高新技术企业数、经认定的研发机构数、全年 R&D 支出总额、园区 R&D 投入占营业总收入的比例、企业万元销售收入中 R&D 经费支出、研发人员人均经费数、政府对科技创新的投入、大型研发中心数	千人拥有研发人员数 高新技术企业数 企业万元销售收入中 R&D 经费支出 大型研发中心数
创新能力	专利申请数、专利授权数、每千名科技活动人员拥有发明专利授权数、承担国家重大科技项目数、人均技术合同成交金额、千人拥有的商标数、驰名商标数	专利授权总数 千人拥有发明专利授权数 人均技术合同交易额 承担国家重大科技项目数 驰名商标数
产业能力	营业总收入、单位面积营业收入、全年总产值、园区工业总产值、全年利润总数、上缴税费总额、高技术产业增加值占高新区营业收入比重、GDP 增长率、工业增加值率、人均税收总额、近三年企业孵化成功率、企业总数、上市企业数、10 亿元以上企业数、新产品销售收入占全部产品销售收入比例、高新技术企业产值增速、企业上市数占企业总数比例	新产品销售收入占全部产品销售收入比例 高新技术企业产值增长速度 上市企业数占企业总数比例 近三年企业孵化成功率
全球竞争力	归国留学人员数、境外设立子公司的企业数、高新区出口创汇额、高新技术产品出口额占高新区营业总收入比例	高新技术产品出口额占全国高新技术产品出口额比例 在境外设有子公司的企业数 海外人才占从业人员总数比例

数据来源：根据相关资料整理。

第三节　关于国家自主创新示范区的理论依据

一、竞合理论

与零和博弈的传统战略不同，它主要体现的是企业之间一种双赢的状态。为了达到这种状态，需要企业本着合作与竞争并行的原则，以获得更多利益。竞合理论是一种为了适应复杂多变的环境而被提出的新型战略理论，它最初被应用到企业管理上。该理论最早由乔尔•布利克（美国）与戴维•厄恩斯特（美国）在《协作型竞争》中提出：现在已经不是单纯的竞争经济时代，过去依靠垄断打压手段来寻求自身利益最大化，如今这种模式却难以在竞争合作的新形势下长足生存下去。一味狭隘的竞争可能会带来鱼死网破、两败俱伤的局面。新时代的竞争应该从寻求共同利益的角度出发，不以破坏别人的利益达到自身的目的，而是合作与竞争并举，取长补短，以实现共赢。竞合思想的初衷是人们想寻求企业等组织之间的合作发展，但是研究者发现竞合思想也在政府之间的合作中体现出来，因为政府之间的行为也会互相影响，也存在合作与竞争并存的局面。地方政府之间存在一定的利益博弈，如果缺乏竞争，经济会变得低效发展，甚至停滞不前；但如果缺乏合作，会导致资源的低效配置。只有在竞争中挖掘合作的可能点，才能在合作中提升获利水平，如此的模式才有利于区域的长远发展。

二、复合行政理论

复合行政理论强调了政府机关的职能作用，由过去的笼统性管制转向针对性治理，这种转变是一种新的突破。复合行政的理念主要体现在：不同区域的地方政府以及行政部门协作发展，并吸纳各种非政府组织主体的参与，通过多种方式和手段，如交叠、嵌套等，以实现地方政府共同追求的目标，建立多中心的自主治理模式。复合行政理论突出了地方政府合作创新的新思路，不再拘泥于传统制度体系的约束，积极地转变自身职能，更加灵活，适应市场需求。这种突破有利于地方政府职能实现新的转换，原始行政区域的划分被打破，运用新的理念，行政效率得以提升，这种发展理念为当前地方政府发展提供了新的方向。

三、区域多中心治理理论

传统的区域治理突出了“单中心”的特点，各地方政府之间是一种割裂的状态，地方保护主义严重，各种管理行为常被层层肢解，区域之间的整体协调很难实现。随着区域经济一体化逐步推进，各区域之间的联系更加紧密，“单中心”治理模式很难适应现实的发展，逐步转向区域中靠“多中心”治理，以达到实现经济发展和地方政府现代化的目的。在该模式下，地方政府依靠其具有权威的机构和组织对相关事宜统筹管理、合理布局。这种理念强调协调性、综合性，突出了优势互补，和谐竞争。整个区域的竞争力与创新力的提高，既需要地方政府自身的能动作用，也需要各地方政府之间合作与协调。从“单中心”治理向“多中心”治理的转变过程中，市场、非政府组织也应该积极参与，在多方的协调下，公共政策体制日臻完善，公共服务配置合理化，地方政府的利益得到兼顾。

四、区域创新系统理论

区域创新系统理论是对国家创新系统理论进一步的延伸，更有针对性，更具体化、深入化。这个概念最早是由美国的库克（Cooke，1992）提出的，他认为在区域创新系统中，企业与其他组织机构会进行系统的交互学习，这种活动所依赖的制度环境具有一定的“根植性”。其后美国的阿希姆、艾萨克森（Asheim、Isaksen，1997），奥泰奥（Autio，1998），道劳雷乌克（Doloreux，2003）等分别提出了与之相应的观点。结合国内外学者的研究，可以总结出区域创新系统具有这样的特点：在一定的区域范围内，企业和具有知识创造、技术创新及扩散能力的参与主体，以它们之间的交互学习、自组织作用来推动创新活动的运行与持续发展。这种行为根植于特定的系统环境中，该环境可能与制度以及文化有关。区域创新系统又可细分为两个子系统：知识产生与扩散子系统、知识运用与开发子系统（奥泰奥、库克，2002），具体结构如图 1.1 所示。

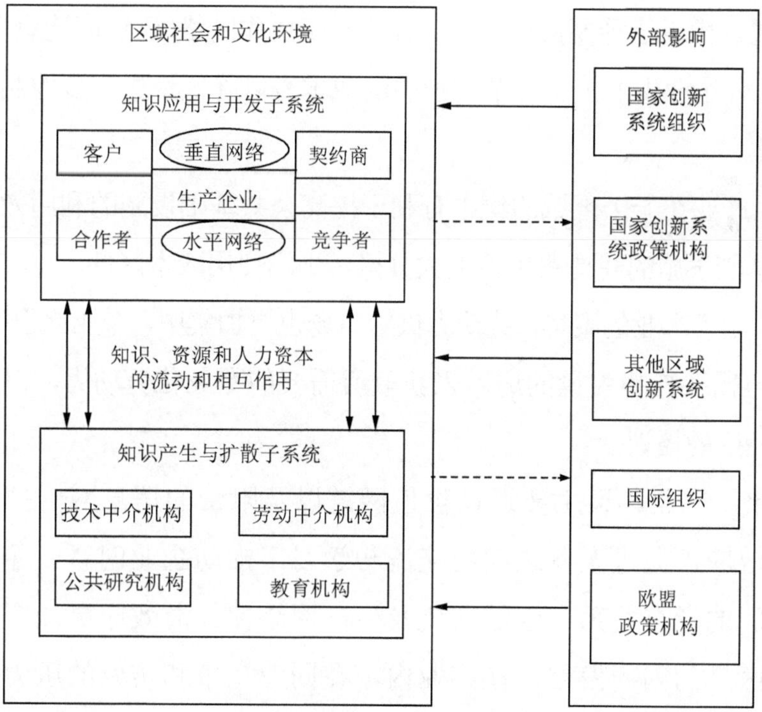

图1.1　区域创新系统结构

五、集聚、创新与外溢关系理论

该理论强调的是：产业集聚、科技创新、技术外溢效应可以为一个地区的发展注入活力，起到推动作用，产业集聚与创新对区域的影响主要存在于四个方面的优势：

（一）产业集聚形成低成本集约优势及创新动力

在产业集群内，由于上下游关联产业的集中，形成了相互交织的网链，这种网链使要素市场更为集中，企业会很容易获得生产所需要的设备、技术、资金、劳动力，从外部环境来看，基础设施、信息共享化程度提高，市场效率相应提高。由于生产的集中，企业各个环节的生产、运输、交易成本大大降低，更有可能专业化生产以至于规模化生产，做大做强。整个区域由于这种产业聚集，总体劳动生产率得以提高，低成本竞争优势越发凸显。由于这种要素集中及一体化分工协作网络，还能创造更多效益：

（1）使企业生产加工环节转换中的成本得以降低，进一步控制产品的生产成本。

（2）产业在一个区域的集中有利于提高公共基础设施的利用效率，因为公共基础设施的建造费用被大大分摊，平均使用成本降低。

（3）由于产业的聚集，劳动力供给市场也更加集中，专业化程度更高，企业不再需要耗费大量的成本来获取所需要的专业化劳动力，以及对他们进行相应的培训 。

因此，产业集聚主要通过价值网链以及附带的信息网、技术网产生外溢效应，促进企业之间的交流与学习，推动企业创新。通过区域内企业间的竞合关系、区域文化及生产网络使外溢效应更加广泛，实现整个区域的创新发展。在产业内，在同业竞争和仿效的压力下，形成不断创新的动力，加快了技术的突破更新。

（二）技术研发风险可以通过创新资源集聚将其减弱

技术研发不仅需要投入大量的资金及人力资本，更需要承受未知的研发风险，市场的不确定性较大是技术创新要面对的，企业要有解决这一问题的能力。产业与研发的集聚会形成风险分担优势，如能够灵敏地选择合作伙伴、技术路径，融入专精的创新产业链、复杂的生产、交易网络体系。在多变的外部市场环境中，迅速调整自己的供应能力与大规模定制能力，大大降低研发和生产过程中的随机性和不确定性。

另一方面，产业的集聚效应促使大批关联产业企业的集中，产生的结果是：因资本、技术、劳动力在同行之间竞争激烈，企业取胜的出路只能是在技术上不停地突破创新，由此带来的技术突破都能带来非凡的效益优势。在这样的环境下，一些与创新密不可分的属于中小规模的企业、具有研究性质的高等学府、从事研究和科研中介服务的机构、政府等，基于共同的社会环境与供需导向，通过对研发技术所需知识的整合，产学研协同，立足市场需求，创新出领先的具有高技术含量的产品，这也是一种集群创新模式。

（三）产业和创新资源集聚形成了自主创新的先发优势

企业的核心竞争力主要靠技术革新在同行业间打造自身产品的竞争特色和亮点。我国创新园区的技术创新模式主要有三种：通过国内外技术引进的外源性创新，通过自主创新的内源性创新以及消化吸收、二次创新的混合型创新。不同的创新模式，在先进度、应用性上，不同的技术是不一样的，比如购买的国外技术，虽然技术许可或授权通过购买可以得到，但仅靠技术引进是很难获得前沿高端技术、产业核心技术的，也难获得真正可以提高企业竞争力和代表产业未来发展方向的技术，这只是一种较为被动的创新。而自主创新与消化吸收“二次创新”才能为产业的创新、区域的创新注入真正的活力。本地对创新起主导作用的企业是一个区域创新的主力，由它们带来的知识溢出能够推动区域内企业的创新发展，并产生示范效应，很多企业通过仿照实现追赶，进而拉动整个区域的产业结构向优质方向转变提升。

（四）产业和创新集聚形成了技术外溢的距离优势

空间经济学指出：技术、知识向外传递，会受到地域因素的影响。虽然从长远来看，所有新技术、新知识的发展最终都会达到共享状态，但技术与知识的传播过程并不是瞬时完成的，更不是一蹴而就的。新技术与新知识的传播、外溢受到时间范畴、空间范畴的影响。并且如果传送路径太长，信息可能出现失真甚至扭曲的情形，距离知识源越远，影响力越小。知识和技术传播发生的边际成本和距离成正比。

一般情况下，知识溢出和技术传播分为内部知识溢出和外部知识溢出。内部知识溢出主要强调知识溢出是在企业内部不同部门之间形成的，在组织庞大的企业中存在交流网，由于内部化，部门之间的交流成本较低，即使是跨地区的距离因素也会被弱化。如一个跨国公司可能在多个国家建立生产基地和工厂，子公司虽然遍布在不同国家，但是各个部门的知识、技术、管理等信息仍能相互有效传送，内部形成知识溢出。但是由于对具备内部知识溢出的企业有一定的条件要求，所以更常见的是外部知识溢出，它是指聚集在一个区域的公司之间的知识和技术传播，主要有两种形式：中心辐射型和双向流动型。中心辐射型突出了这个地域存在某个先进的研发中心，走在其他企业的前面，它的技术可以向四周的企业外溢，达到辐射效果。但是双向流动型更加有利于区域的技术创新，双向流动说明在这个区域的众多企业相互取长补短，既是知识溢出者也是知识的吸收接受者，美国的硅谷就是一个很成功的例子。知识溢出效应和技术的传播受到地理的限制，企业如果聚集在一起，所产生的溢出效应会更明显，有利于整个区域的行业技术进步和产业升级。一个完整的区域创新系统，需要创新集聚、产业集群、技术传播的环境等因素。

1. 产业与研发之间的良性互动

作为区域想从整体上提升竞争优势，技术创新是首要的，也是核心基础。需要区域内的研发中心发挥关键、辐射作用，企业应及时获取有用的以利创新的信息，并相应化为实际行动，带动技术创新向前发展。产业的发展与研发的积极配合形成良性互动关系，为区域创新体系奠定必要的基础。

2. 区域内基于产业链的企业间即合作又竞争的关系

以供应链、价值链为纽带形成企业间垂直合作关系，企业所处价值链的位置及企业间上下游关系是由产品的生产链决定的。因此，在区域内，决定在产业链上创新的至关点是企业间的生产分工、协作水平和生产效率，以便企业间的垂直关联性得以增强。这种网链关系使众多企业形成竞合关系，在促进产业技术升级方面呈现“你追我赶”之势。

第二章 自主创新促进战略性新兴产业发展的机制分析

如今，世界各国正处于全球科学技术革命的重要时期，各国尤其是发达国家为了提高国家竞争力，把依靠科技创新、培育发展战略性新兴产业作为重大战略决策。为了促进经济发展模式的快速转型，促使经济体步入由科学创新为引擎驱动增长的轨道，我国把培养和发展战略性新兴产业作为重要战略。天津在国家自主创新示范区的建设过程中，也应将发展战略性新兴产业、建立支柱产业视为重要任务，因此，有必要对如何通过自主创新，促进战略性新兴产业成长机制进行深入研究。

第一节 自主创新促进战略性新兴产业发展的相关理论

（一）战略性新兴产业、产业成长的内涵

1．战略性新兴产业的内涵

战略性新兴产业是新兴科学技术与产业在深层次程度上的融合，

具有科技领域密集、能源消耗较少、低碳性、循环利用性、综合收益高、发展潜能较大等特点。要按照市场的需求，站在科技最前沿，靠创新推动和提升国家经济质效。战略性新兴产业包括“新兴”以及“战略性”双层含义，新兴主要体现在某些尚处于成长初期的企业，具备新兴的核心科技或较强的研发能力，因此，具有很强的发展潜力。战略性主要体现在这些产业对于国家提升自主发展能力以及国际竞争力方面意义重大，国家应以长远的目光对待，不要以短期利益决定取舍，在政策上加大优惠力度，把市场环境打造良好。战略性新兴产业如果尽快步入稳步发展轨道，形成良好的循环机制，将会有利于市场的发展、科技的创新、就业率的提升以及资源的有效配置等一系列方面，并且能对经济社会发展产生深远长久的影响。政府通过一系列有政策倾向性的行为，影响资金导入方向、技术革新目标、人才聚集趋向等，为战略性新兴产业的选择方向提供指引作用，同时给市场带来一定的预期，代表以后经济发展的重心。战略性新兴产业会伴随社会经济的发展而与时俱进，不断更新和发展。

目前我国亟待发展的是信息技术、生物、新型材料与能源、高端装备制造、环保、人工智能等产业。这些战略性新兴产业具备以上特点，且它们的制定都是立足于现阶段的中国国情、产业技术发展情况以及世界科技革新趋势。

2．产业成长的内涵

产业是在社会化大生产中分工的产物，是在市场经济体系中把在生产经营、劳务合作、产出产品等方面具有相似特性的企业相整合而形成的。产业形成体现了产业结构从一元到多元，产业规模由小变大，产业竞争力由弱变强的发展过程，具体表现是：规模化的产业、优化的产业结构、合理化的产业组织。产业具有规模主要是指产业在物质上的积淀，具体指研发成果、存量资产、产品、员工等在数量上的增加。产业结构优化是指生产结构、人员关系结构、资产结构向高级化发展，生产效率得以提高。产业成长不仅需要量的扩张，即投入与产出、存量资产、赢利等的增长，也需要质的提升，即企业在产业内的研发创新能力、优势项目开发能力、核心竞争力的提高。产业组织合理化表现为：在产业的成长演化中，企业行为、员工绩效以及市场组织更加理想化。

（二）自主创新与战略性新兴产业成长的相关理论

产业发展的规律是：由小规模向大规模逐渐过渡并发展，这个过程既需要产业成长的外部推动力，也需要产业系统自身的内在成长力。在以前的研究中，对产业成长的相关研究大部分都是基于外部因素考虑，研究通过外力推动新兴产业成长的机制。但影响产业整体系统提升的还有来自内部的动力源，因而不可忽视产业成长的内生作用机制。在现有的研究中，关于产业的内生成长并未有系统的理论，本研究秉承创新的观念着眼于对产业的内生微观作用机理加以研究。

1. 创新和产业生命周期理论

产品生命周期理论是从产业生命周期的基础上发展起来的。每个产业都必须经历如同生命变更一样，从萌芽伊始向衰退败落过渡的周期，主要包含四个过程：萌芽期、成长期、成熟期及衰退期。1996 年产品生命周期理论最早被雷蒙德·弗农（美国，Raymond Vernon）在《产品周期中的国际投资与国际贸易》一文中提出，产业从发达国家向发展中国家转移，是依照一定次序过渡的，与之关联的产品生产周期可以划分为导入期、成熟期、标准化期三个阶段。Klepper&Graddy（1990）、Agarwal（1996）也对这个问题做了探究。

20 世纪 70 年代，阿伯纳西（美国，Abernathy）和厄特巴克（美国，Utterback）共同提出了 A-U 模型，向产业生命周期理论迈出了重要的一步。美国的 Gort 和 Klepper（1982）在此基础上，结合具体的实证分析，建立了严格意义上的产业生命周期理论——G-K 模型。前者对产业生命周期的研究是从技术创新的视角展开的，阐释了产业成长如何被技术创新所推动；后者以创新的来源、特征、重要性如何受产业生命周期影响为探究重点。已有的关于产业生命周期的研究，大部分都是基于 A-U 模型、G-K 模型的扩展以及实际应用进行的研究。

1）A-U 创新动态过程模型及其扩展

Abernathy 和 Utterback 对产品创新、工艺创新、组织结构演化之间的关系进行了研究，发现它们在不同阶段有着不同的发展规律，但其间又存在有机联系。他们认为产品创新与工艺创新在企业中是有关联性的，在不同产业的成长期，这两种创新有不同的偏重性，创新频率和创新类型也不同，由于时间上的动态发展，会影响产业的演化。

如图 2.1 所示，Abernathy 和 Utterback（1975）把产品生命周期分为不稳定、过渡、稳定三个不同的阶段[①]，这是基于产出增长率的不同而区分的，揭示了产业创新要围绕产品创新来分布的规律。该模型引入了主导设计[②]的概念，随着产业发展到一定的阶段，会形成产品设计的标准，将产品设计推向一种固化的模式。它的出现可以为某类别产品的研发生产建立单一的轨道，产品技术革新目标更加单一明确，将竞争焦点引入到工艺创新方面。A-U 模型的优点主要有：既把产品创新与工艺创新结合起来，又探究在产业中技术驱动与产业演化的路径，揭示技术创新如何推动产业发展，

① 有的译为流动阶段、转换阶段、专业化阶段。

② 主导设计是指某产业通过对已有的产品制造技术、工艺流程等综合改造形成一种新的设计系统，在某阶段被市场信赖的设计方式。

奠定产业生命周期理论基础。但也存在一些局限性，如在产业演化中过度强调技术创新对其的推动，而很多其他创新要素却被忽视，如协同创新、管理创新、组织架构创新，反而弱化了技术创新的主体。

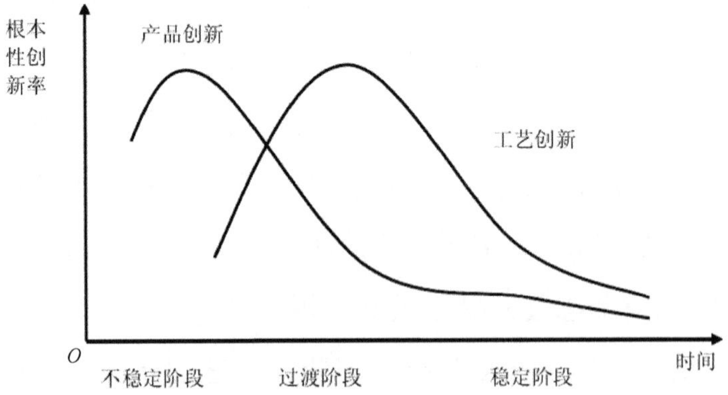

图2.1　A-U 创新模型

A-U 模型与产业成长三个阶段的特征如表 2.1 所示。

表 2.1　A-U 模型与产业成长三个阶段的特征

创新阶段	不稳定阶段	过渡阶段	稳定阶段
竞争焦点	产品功能、性能	产品多样化	降低成本
创新激励	用户需求、技术信息	建立竞争优势的意愿	竞争压力
主要创新类型	经常彻底的产品创新	根本性工艺创新	渐进性产品创新、工艺创新
生产线	多种多样，小规模生产	至少有一种稳定的产品设计、具有一定的数量规模	大多数是没有差异的标准化产品
数量规模	大多数是没有差异的标准化产品	至少有一种稳定的产品设计、具有一定的数量规模	大多数是没有差异的标准化产品
生产过程	柔性的、低效的，重大的大变革较易推进	渐渐刚性	高效率、资本密集、刚性、高的转换成本
设备	通用设备，需要技术熟练的劳动力	有些过程实现自动化	专用设备，自动化程度高
材料	投入大多限于现有的材料	一些专门的材料被供应商提供	材料的专业化，若无，要垂直一体化
组织控制	组织是非正规的，企业家精神备受关注	协调被加强，项目小分队进行掌控	更加注重组织目标、结构和规则

资料来源：根据相关资料整理。

在传统的模型上，随后的一些研究者遵循产业发展规律与立足具体实践的基础上，将传统 A-U 模型进行了丰富和改进，并进行了更广泛的研究。姚志坚（1999）研究的是，同一技术轨道内技术创新长期的发展形态，结合创新模式与产品生命周期提出了综合 A-U 模型。他认为在产品生命周期中有四个技术周期，并分析了各自在技术创新上的特征。程源、高建（2005）主要分析了在电视机行业演化过程中，中、日、美三国不同的创新分布模式。结果表明：只有美国的电视机行业发展遵循 A-U 模型所描述的创新分布模式，中、日两国的电视机行业发展过程与 A-U 模型相反，主要表现为：在起步发展阶段立足引进消化吸收，主要通过工艺创新来稳固市场；中期进行逐步式产品创新；最后进行根本性产品创新。综上所述，对于发达国家，基本以自身的原创性技术为基础推动产业发展，这种发展过程与 A-U 模型描述的规律相吻合，但是对于发展中国家，其发展是基于已有的现成技术，产业发展模式恰好相反。

2）G-K 创新动态过程模型及其扩展

真正意义上的首个产业生命周期模型是 Gort 、Klepper（1982）建立的 G-K 模型，该模型结合了 A-U 模型与 Stigler 对产业生命周期理论的描述①。G-K 模型提出产业生命周期依次经历引入期、大量进入期、稳定期、大量退出期、成熟期。Gort 、Klepper 认为创新的特征、重要性、来源在产业生命周期所处的不同阶段受到非常重要的影响。

① 产业是有生命周期的，在产业所处生命周期的不同时期，企业的内部分工与社会的外部分工会以此消彼长的形式占领主导位置。主要表现为：在初期时期，企业内部分工处于主导位置；在鼎盛期，生产各环节可独立运行，呈现规模化，大量的企业内部分工转向社会分工，各再生产环节的多数工作被各专业化企业分担；在衰落期，渐渐收缩的市场和生产规模使各生产环节只能“回归旧业”，此时处于主导地位的是企业内部分工。

在上升期内，企业因外部产品创新吸引其大量涌入；在下降期，企业因价格战、外部创新减少等大量撤出；到了成熟阶段，需求的大改变和技术变动推动产业跨进新一轮生命周期。

随后，不同的研究者对其进行了扩展，Klepper、Graddy（1990）将技术内生化，建立了K-G模型，该模型将产业生命周期划分为三个阶段：成长、淘汰、稳定，并强调技术对产业演化的重要影响、创新过程中产生的成本竞争效应。Klepper（1996）提出每个产业形成—上升—衰退的历程与其自身的生命周期息息相关，虽然各个产业成长过程不同，但总体的成长轨迹会显现出一些具有典型性、普遍性的规律。Agarwal、Gort（1996）研究了同一数据库中25个产品的时间序列数据，对于产业生命周期的划分，在形态与特征方面的描述与G-K模型类似，但也有不同，他们引入了危险期，并研究了产业生命周期对企业的进入、退出行为所产生的阶段性综合影响情况。

国内学者徐娟娟（2008）在前人研究的基础上，提出产业技术素质作为中间影响因素的重要作用。她认为，在创新投入与产出的过程中，创新先影响产业技术素质，再间接地影响产业的发展。彭罗斯也认同该观点，并认为产业的发展动力以及产业的成长速度都受到产业技术作为中介身份的影响。技术创新的作用体现在内生增长理论中，增长要想系统、可持续，必须由内部自发的发展动力来实现，在产业成长过程中，创新对系统、可持续增长的助推作用已经超出了劳动和资本的作用。

创新影响产业成长的路径如图2.2所示。

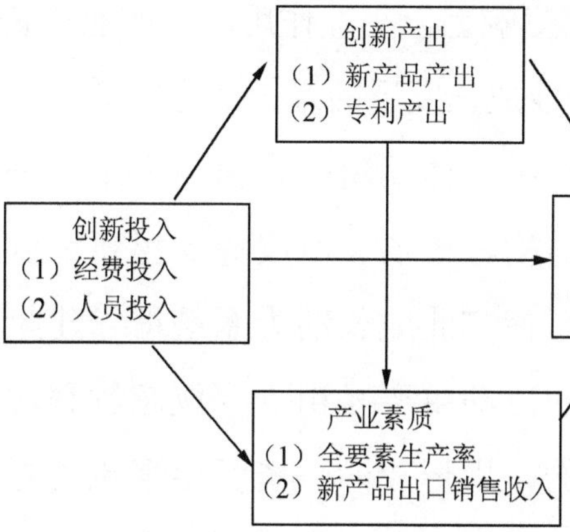

图 2.2　创新影响产业成长的路径

2．产业发展动力理论

目前国内对于产业发展的研究既有从理论原理开展的，也有通过实践进行考证和探究的。其发展通过众所周知的三大机理（包括动力、利益与要素）来推动的。郑林（1992）对“产业发展”和“产业增长”两个概念进行了细分，这是两个容易混淆的概念，他认为产业生产能力及经济潜力的增加称其为“产业增长”，而“产业发展”则是产业的规模、量和质等的同步提升。从基本因素来看，产业发展需要劳动力、资本、技术、组织这几种产业增长要素共同的推动作用；不仅如此，产业发展也需要外部推动力、要素关联力以及产业自我调整力的促进作用。产业外部推动力，既包括外界推动力，如贸易刺激与政治因素；也包括外界约束力，如环境与人口等。要素关联力指的是资本、劳动力、技术、组织等要素通过最佳组合而形成的集成效率的能力；产业自我调整力主要是由于市场中行业变动及其自身内在的某种必然规律使产业呈周期性起伏成长的动态历程。通过借助总的产量以及生产增长率的变化，可以很好地度量这种周期起伏态势。向吉英（2005）认为产业成长离不开综合环境的影响，如技术革新、供求关系、投资、政策引导等，除了这些促进产业成长的外部动力，助推企业成长的重要内部动力机制是企业间的既竞争又合作。这些内外部影响因素相互作用，为产业成长提供了协同驱动力，形成了一个促进产业成长发展的综合动力模型。

王维刚（2007）在“产业主体动机—产业主体行为—产业成长”机理研究基础上，又加入结构、市场、制度等支撑要素以及资本、技术、人力等产业资源要素，使产业成长动力系统得以建起。资源要素如资本、劳动力、技术等的流动主要是由于攫取超额利润这种利益驱动，通过价格机制及市场的作用形成的。资源要素流动是一种外在表现，是产业主体追求利益的中间结果。营业利润率、投资回报率越高的企业对投资者的吸引力越大，有利于产业快速形成并走上良性循环轨道；相反，报酬率低则使产业的发展受到限制，有可能在萌芽发展阶段就被扼杀。外界应为资源的流动及产业的发展创造一系列条件，如果新的发展领域在政策导向、市场需求、人口因素等方面有优势，产业主体更易拓宽市场。图 2.3 展示了这些要素通过相互作用建构了一个系统的产业成长综合动力系统。

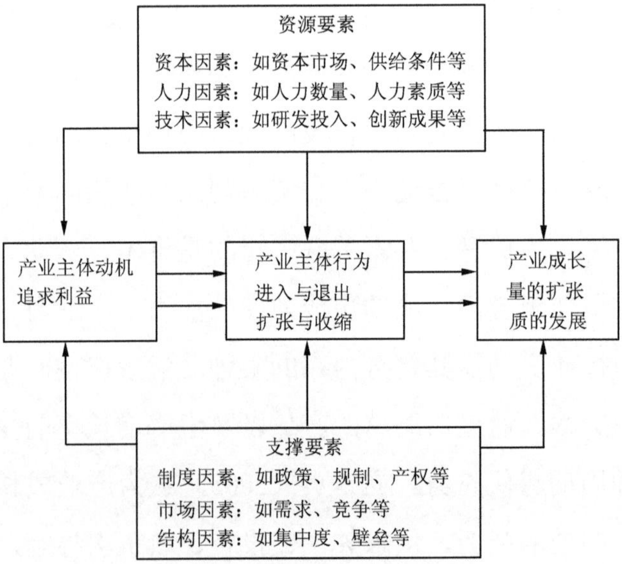

图 2.3　产业成长动力系统

以上内容主要解释了战略性新兴产业的内涵及其发展应遵循的产业成长规律，并用产业生命周期理论与产业发展动力理论对战略性新兴产业发展动力进行解释，产业发展动力系统包含创新作用下的内在动力机制、外部综合影响力作用下的系统动力机制。

第二节　自主创新推进战略性新兴产业发展的机制

产业生命周期理论及产业发展动力理论研究涉及面较广，我们重于对自主创新助推战略性新兴产业成长的机理探究，自主创新与战略性新兴产业是核心。在此基础上，结合相关理论构建动力模型，以解释自主创新的决策行动如何成为战略性新兴产业成长的动力源泉。

（一）自主创新推进战略性新兴产业发展的作用机理

改革开放以来，中国各种产业在飞速发展中也或多或少地遇到各种问题，产业自主创新在解决各项问题所起的关键作用备受关注。研究表明，创新水平会影响产业成长，创新不仅能使新兴行业诞生，产业衰退得以延缓，还可以使濒于破产的产业重获新生，产业生命周期曲线的形状也会因技术创新而改变。战略性新兴产业中大部分都处于产业生命周期的发展期和形成期，有的处于成长期。由于这些产业具备自主创新能力，对相关联产业的影响促进作用很大，受到企业界、学术界各方的关注。我们主要从自主创新视角，分析战略性新兴产业快速良好发展的机制。从 Klepper、Agareal &Gort（1996）的研究中可以了解到，创新力度、技术进步率、创新率平均水平、创新形式改变等因素会使产业发展及产业生命周期的划分受到影响受到影响。自主创新对战略性新兴产业发展的作用机理如下：

1. 战略性新兴产业结构优化的基础是技术结构

技术匮乏或无创新意识会严重制约产业发展，产业的发展也离不开技术结构的优化。在限定时期内，不同的国家之间或同一国家不同发展水平的部门、企业间技术水平不同。技术结构即这些不同层次的技术在产业生产运营中所占的比重以及它们相互作用、相互制约的关系。一种技术进步可以对其他的技术进步起到启发带动作用，技术间相互取长补短与企业间共赢的理念较为类似。技术的开发源于一定的科技资源，不同技术之间的衍生过程包含技术的组合、重整、配置。技术结构包含技术改造、引进和嫁接。战略性新兴产业结构主要指产业内企业数量比例关系，其在组织架构中所占的质量比。产业创新可以从动态过程和一般原理两个角度进行分析，产业创新从动态上表现为创新改造衰退产业、助推新兴产业形成并发展；这是一个联动的发生机制，产业创新首先使不同部门、企业的生产率产生差异，进而促进协作竞争，推动产业结构重新演进。陆国庆（2003）认为新的产业诞生要经历描绘未来产业蓝图、建立核心竞争实力及开拓新市场三个重要步骤。衰退的产业，不应再拘泥于现有的结构化产业，需要结合技术创新、产品创新、市场创新等多种形式，通过一定的突破以达到改变现有结构乃至创造新的产业。

2. 技术进步是推动战略性新兴产业结构优化的重要动力

技术进步的推动作用主要体现在：由于技术进步的渗透与辐射作用，传统的劳动力三要素（劳动力、劳动资料、劳动对象）以及其他生产要素发生变化，战略性新兴产业生产要素的质量相应得以提高，进而助推其向前发展。由于新兴产业含有较高前沿科技量、有巨大发展潜力，技术溢出性强，对相关产业的牵引带动作用较强。大力发展战略性新兴产业，体现了国家是以提高自主创新能力、掌握高端核心技术为目标。

战略性新兴产业中的高新技术既能推动传统产业的升级改造又能促进新产业的发展。例如，在20世纪50年代，生物工程只是一种技术，现如今已经被广泛应用于各个行业，如农业、医药业、畜牧业等与人们生活息息相关的行业。传统的材料工程仅应用于建筑、金属冶炼、纺织等传统产业，如今新材料技术广泛应用于航空航天、纳米功能材料、新能源、通信基材等各种新兴产业。大量的研究表明，产业的成长发展乃至实现规模经济都离不开产业技术创新能力、持续创新力以及吸纳、整合创新成果的能力。这些与创新相关的能力也会影响创新成果专业化、产业化、商业化的快慢，以及是否能更灵活地适应市场需求和外部环境的变化。

3．技术间的关联度是使战略性新兴产业相关联的关键要素

除了技术结构作为基础，技术进步作为推动作用，技术间的关联作用对战略性新兴产业的影响也很大。由供需关系形成的产业产品链与供应链，是内在的技术关联基础，由此形成的企业价值链是技术关联的外在表现形式。战略性新兴产业关联既体现社会关系的关联，也体现技术的关联，这一思想可以用“投入产出表”解释，反映的是一定时期内，各部门之间相互联系以及平衡比例的关系，这一概念最早是由列昂惕夫提出的。技术作为一种内在因素促使不同部门、产业间产生关联，如果没有和产业结构相匹配的技术水平，将缺乏内在联系，很难形成良性循环。在战略性新兴产业中，创新企业通过技术创新构建价值网链，并分别向前后端以及价值链关联的产业传播和助推新技术，依靠聚焦新兴产业而形成战略性新兴产业集群式发展。

助推战略性新兴产业发展，应围绕“由点到面”的思想，首先让一部分核心企业以创新为导向，走在前列，提供主要依托力量；其次，围绕产业网链，聚集大量重点配套企业，提供后续力量。具体来讲，建立完善的战略性新兴产业发展集群或结构网络，一是要由一定量的龙头企业做引领，在其牵引带动作用下形成集聚效应，促使有关联的企业向新兴产业区域集聚，形成专业化分工协作的结构；二是需要整合具体的创新要素，优化配置资源，形成系统价值网。持续性创新依靠企业的合作创新、关联创新、互动创新，在现有成熟的技术链的基础上，促使产业内部的关键环节发生群体性技术裂变，从而衍生出新的技术链。如此的更新交互，从新兴产业的技术链逐步发展为产业集群的产业链，与相配套的原材料、设备的产业链共同构成战略性新兴产业集群。

4. 技术的生命周期影响战略性新兴产业生命周期

新兴产业的生存与发展与技术创新息息相关，不可分割。相关事例不胜枚举，如电话的发明、液晶电视的出现以及芯片的诞生均与技术创新密切相关，也由于它们的蓬勃发展，才会促进通信产业、电视产业以及 IT 产业的快速发展，从而使产业发展并上升到新的层级。战略性新兴产业的成长以创新的差异被分为不同的阶段，而不同的发展阶段如果就技术进步而言，主要分为三个阶段：初期主要偏重于技术引进模式的技术创新；中期主要偏重于技术与产品多样化相匹配的渐进性创新；后期主要偏重于差异化的寻求突破性的创新。

我国大部分的战略性新兴产业均处于创新初期，此时所要求的坚实的理论基础必须与产业发展过程中所遇到的问题相契合。技术发展的不稳定性是战略性新兴产业生产发展道路上不可忽视的问题，它会使整个行业的预判出现偏差，从而造成较大的损失。此外，战略的不确定性也是战略性新兴产业生产发展道路上的“拦路虎”，它的些许变化都会对整个行业的发展方向和发展规划造成重大的影响。目前各企业在技术和战略两方面都需要进行改良和提高。此外，企业内部组织结构作为企业的核心，还没有形成一套能够实现判断产品性能、促进产品收益最大化的程序。

在发展初期，战略性新兴产业的高效发展无法离开当地政府的大力扶植。政府不仅会提供大量的投资资金，还会出台相关的政策来鼓励更多的民间资本进行投资，以加强社会对整个产业的重视。此外，为了促进产业顺利、有序地开展，政府一般会促成和企业以及学术部门有关的产学研联盟，控制对新兴产业发展的不利因素，对整个产业进行发展规划以减少弊端。

（二）自主创新助推战略性新兴产业成长的动力模型

1. 模型的参考

在战略新兴产业成长中，自主创新着眼点是创新对象的不断变化。如图 2.4 所示，工艺创新、产品创新和市场创新均涉及创新的各个领域，也是创新系统的重要组成部分。系统所表达的创新进化过程，由三种形式的创新通过不断循环、相互协调、相互促进、共同作用的方法来增强创新能力。

工艺创新通过提高劳动生产率、新产品产值率、产品销售率等相关指标来促进整个产业中与工艺紧密相关部分的创新；产品创新通过新产品产值、出口销售、新增固定资产等指标来促进整个产业中与产品密切相关的创新；市场创新通过市场集中度、研发效率、产业利润率等指标来促进整个产业中与市场相关的创新。

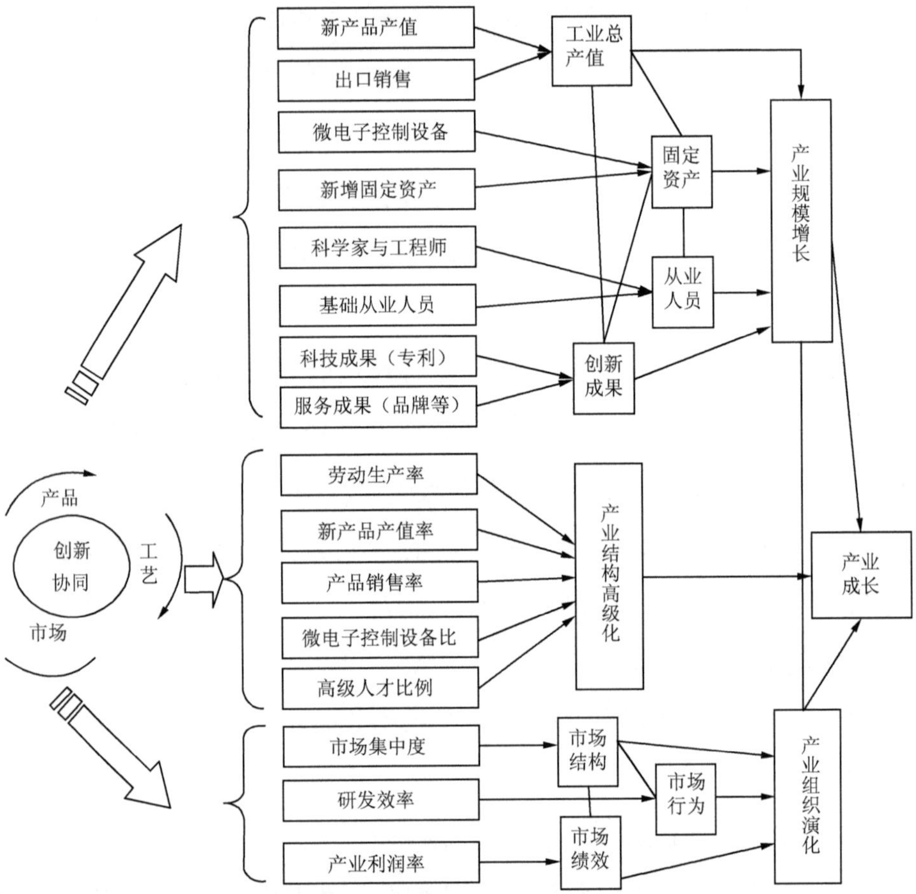

图 2.4　创新协同促进战略性新兴产业成长的动力模型①

同时，作为技术类别的工艺创新，主要通过劳动生产率、产品销售率等相关指标的增长，从而促进产业结构高级化的发展，进而促进整个产业的成长；产品创新，作为销售终端的创新，主要通过相关指标的增长，促进固定资产、从业人员、工业总产值和创新成果的增加，继而促进产业规模的增长；市场创新，作为销售环境的创新，主要通过相关指标的增长，促进改善市场结构、提高市场绩效，继而优化产业组织结构。

① 郭娟 . 基于自主创新的湖南战略性新兴产业成长机制研究 [D]. 湘潭市 : 湘潭大学，2011.

该系统构建了创新驱动发展的新模式，它可以有效促进战略性新兴产业进行持续性发展。由三种创新所支撑的有较高增长率的产业规模可以对资源进行优化，提升产业的整体竞争力。此外，资金储备作为行业进行发展的基础，在自主创新的过程中是必不可少的。组织结构的合理化有利于整个行业的规范化发展，也可以促进组织者可以更高效地对产业的长远发展进行规划。

卡曼和施瓦茨（美国，1974）认为技术创新是超额利润的来源，也为企业发展奠定了基础，相对而言，产业的发展也会直接促进技术创新。对市场的把控是有效获取有限市场资源的重要途径，只有这样才能获得核心竞争力，促进新兴产业更好地发展。如今，天津的创新产业体系较发达的产业体系还存在很多缺陷和不足，因此，引进国内外先进的生产技术对城市经济的发展极其必要。如果想要有长期的发展，需要创造属于天津、符合天津的创新发展模式，建立可以鼓励创新发展的研发平台以及可以和实践紧密结合的创新技术。

区域产业成长综合动力机制模型如图 2.5 所示。

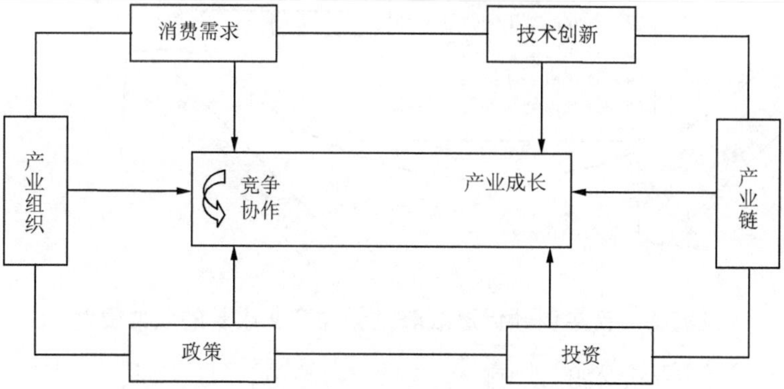

图 2.5　区域产业成长综合动力机制模型

综上所述，产业发展的动力主要归结为两种：一种属于产业方面的动力作用；另外一种是产业发展重要因素的动力作用。为更好地建设天津国家自主创新示范区，本研究主要是从第二种动力研究开始，构建产业的微观动力模型。

2. 模型的构建

自主创新促进战略性新兴产业成长的动力模型如图 2.6 所示。

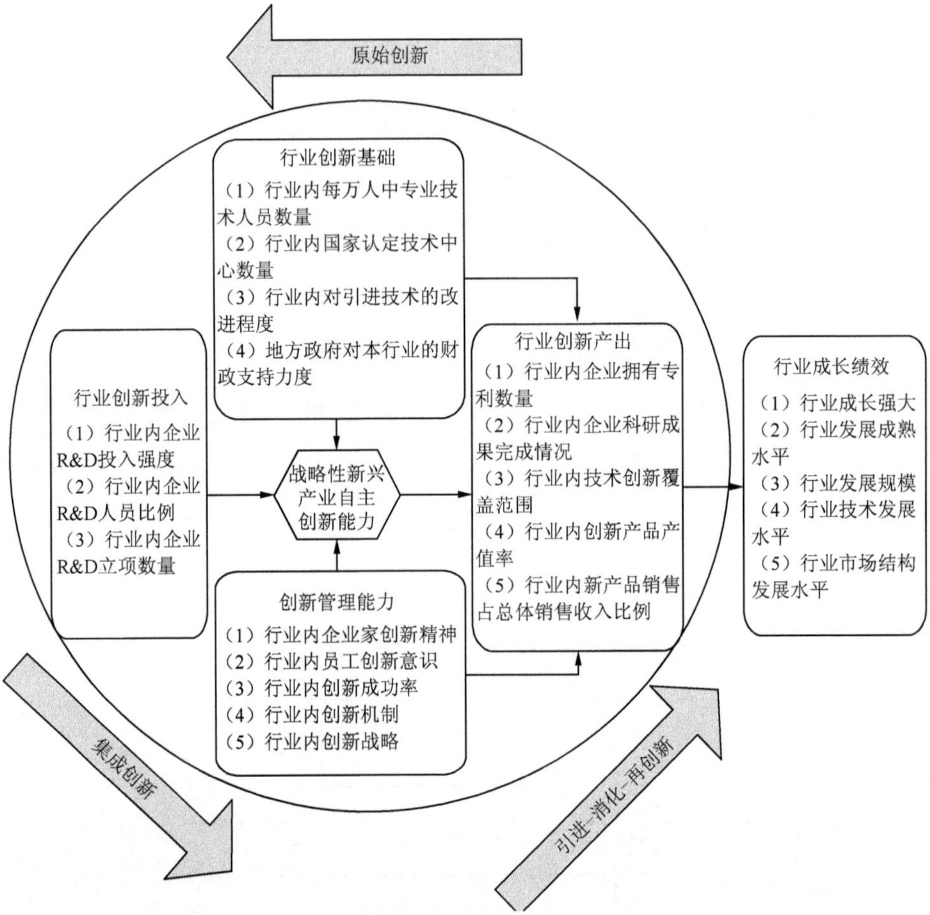

图2.6　自主创新促进战略性新兴产业成长的动力模型

1）自主创新投入的影响

从产业投入的角度来分析，投入量在一定程度上可以直接决定产出量。此外，自主创新投入的影响不是单向、单一的，而是多角度、多方面的，它为分析战略性新兴产业成长奠定基础。

在动力模型中，资金作为产业经济发展的命脉，行业创新投入中R&D有关的投入数量及投入强度可以提高新兴产业的融资吸引力。相对于一些发达国家如美国、德国、日本的R&D支出，我国的R&D支出明显较低。创新主体的积极性与创造力在一定程度上直接受到研发费用投入高低的影响，从而影响到自主创新及研发平台的建设。

此外，行业内企业R&D人员比例、立项数量多少直接影响行业创新投入。一方面，具有专业技术的高级研发人才是创新活动最具活力的部分。因此，新兴产业研发人才的培养十分重要，它有助于提升创新主体的创新效率、产业的创新程度和产业的生产效率，同时能够促进资源的优化配置。另一方面，立项数量的多少直接影响新兴产业发展受到的关注度，数量越多说明政府愈加注重，那么创新活力会愈加强大。

2）自主创新产出的影响

行业产出可以对行业投入效果进行直接衡量。行业创新产出主要包括行业内企业拥有的专利数量、创新覆盖范围以及创新产品的产值率。

（1）专利数量是一个阶段内进行创新所收获的能够创造新产品、提高生产率或者改善生产条件、专业技术的数量。

（2）创新覆盖范围的大小和产业的规模成长密切相关，大范围的创新可以为产业营造优良的创新氛围，有效促进产业的良性循环及竞争。

（3）较高的创新产品产值率直接关系到创新产品的生产以及产业的发展，创新产品可以提升产品附加值从而获得更高的回报率，这也是推动新兴产业快速发展的不懈动力。行业创新产出的丰硕成果与自主创新密不可分，产品创新和工艺创新为专利数量的增加、技术创新规模的扩大以及产品产值率的增长奠定了基础。

陈晓光（2006）认为，自主创新更加注重整合行业内外的资源，从而提高资源利用率。在动力模型中，创新产出是影响行业成长的直接影响因素，而自主创新不仅能够使行业发展更加成熟、更具规模，同时还能提升行业技术以及市场结构发展水平。

3）自主创新基础的影响

江洪（2008）认为存量视角也是考察战略性新兴产业的重要方面，新兴企业的自主创新在一定程度上依赖原有的技术及创新积累。

专业技术人员的数量、国家认定技术中心的数量、对引进技术的改进程度以及地方政府对本行业的财政支持力度，这四个方面是创新基础的主要体现。首先，专业技术人员数量、国家认定技术中心数量的多少是衡量新兴产业整体专业技术的标尺，是直接影响新兴产业的发展能力及潜力的指标。其次，从国外引进或者改良新技术及专利是中国进行产业发展生产的一个重要方面，但这确实不是长久之计。除了进行自主创新之外，还可以通过改良引进技术，使其适合我国市场及新兴产业发展，这不仅可以提升产业的整体竞争力，掌握核心技术、抓住生产命脉，还能创造中国独特的生产力，从而有效地促进产业的结构性升级，经济的持续增长。

政府对战略性新兴企业的支持不单单体现在战略规划的制定，主要体现在法律法规、财政政策以及税收等方面。法律法规的制定是政府促进和鼓励自主创新最突出的表现，这向创新主体传达出一个积极的信号，从而有效提升了自主创新的主观能动性，营造出和谐的创新氛围，这对于整个新兴产业发展都有足够的引导以及鼓舞的作用。此外，政府所给予的财政政策及税收的优惠，如减免某类政府大力推进和发展的产业的税收，可以直接增强投资者及创业者的信心，从而对战略性新兴产业发展起到明确的引导作用。

4）自主创新管理能力的影响

以往研究更加侧重于宏观因素，如政策、体制等对自主创新的促进作用，而动力系统中，行业中的创新管理能力对整个行业成长绩效也有很大的影响。

企业家及员工的创新精神、创新机制及创新战略三部分是自主创新管理能力的主要内容。

（1）在新兴产业发展之初，整个行业的发展没有明晰的目标以及战略规划，这就需要有探索及创新精神的企业家来开创。发展中期，企业家的任何决策均得跟上时代的步伐以及政府的脚步，任何萎靡不前或者退缩都会给行业带来不可估量的影响。

（2）创新机制是企业进行自主创新发展的垫脚石。成熟的创新机制可以有效激发企业员工的创新思想、创新思维，从而拥有更多适合市场的创新产出。最后，战略决策随着产业的发展也会发生不同的变化，其中战略选择是最重要的组成部分，选择必须符合未来企业以及行业的发展，符合消费观念和市场潮流，这又会同企业家的创新精神相统一。

上述主要介绍了自主创新与产业发展之间的密切关联，以及涉及的模型的解释。研究表明，自主创新不仅可以提高一种产品的竞争力或者回报率，而且能让一个企业拥有核心竞争力，同时对整个新兴产业都会有积极的影响效应。

第三章 国内外自主创新示范区建设的成功经验及启示

第一节 国外自主创新的成功经验及启示

一、美国、日本自主创新模式的比较及启示

把自主创新提升为国家战略，这不仅标志着我国科技发展路径的战略转型，也标志着我国经济发展战略和政策的重大调整，为我国企业发展确立了新的战略基点和导向，我国企业必须积极主动地跨入自主创新的发展阶段，真正确立企业在自主创新中的主体地位。美国走的是技术领先的原始创新模式，从 1870 年至 1913 年花了 43 年时间成功地追上英国，成为目前世界的技术领先者；日本在第二次世界大战后用 40 年的时间追上美国，他们在自主创新方面有很多成功的经验值得我们借鉴。

（一）美国、日本自主创新模式的比较分析

美国走的是技术领先者的发展模式，即依靠自己在基础研究中的优势，沿着“研究＋开发＋工程管理”的轨迹前进，不断发明创造出新的产品和工艺方法，从而占据技术发展的制高点。日本采用的是技术跨越者模式，一般情况下并不是某项产品或工艺的首创者，而主要通过知识的传播、设备的进口、接受直接投资和技术贸易等方式来获取技术领先者的先进知识，面临的首要问题是如何应用这些知识，然后才是改进、发展这些知识，因而，他们是沿着“工程管理开发＋研究”的轨迹前进。

1. 两国自主创新的企业制度与市场结构的比较

美国实行的是“自由经营”“自由竞争”的自由企业制度。为数不多的垄断企业规模庞大、资本雄厚、市场占有率很高，它们以垄断财团为依托，主宰着美国经济。在市场竞争结构安排上，美国一直鼓励竞争。美国是世界上执行反垄断法最坚决的国家，企业间横向合作联合往往为政府反托拉斯法所禁止。自1890年以来，美国政府颁布了一系列反垄断法和小企业法规，为小企业的生存和发展提供法律上的依据，并做了大量务实的工作，如成立各种小企业领导和管理机构，为小企业提供资金援助、贷款担保、市场信息和各种技术与管理知识等。美国小企业的突出特点是在发明创造和技术创新方面具有积极作用，它们往往是技术创新的源头。据统计，自20世纪初至70年代，美国科技发明的一半以上是由小企业完成的；80年代以后，大约70%的创新来自于小企业。企业间激烈的竞争迫使企业不断进行新产品的开发与试制，以保持自己的领先地位。

日本作为技术的引进国，重要的是迅速调动起资源来实现技术上的突破和改进。日本的技术创新基本上由少数大企业集团所承担，市

场结构更接近于垄断竞争的格局，这是因为大企业集团在突破技术领先者的技术和市场障碍方面有独特的优势。首先，只有大集团才有资金实力进行高强度的投资，以尽量采用先进的技术缩小与领先者的差距。其次，大集团更有可能实现规模经济从而使降低成本成为可能，扩张市场占有率的战略才更有可能成功。再次，大集团内企业间的交叉补贴可以使企业能够通过长久地维持低利润率来不断提高市场份额。日本70%的企业产权属于法人股东，以三井、三菱、住友等垄断财团为核心横向结合的企业集团基本上控制了日本经济的命脉，而多数中小企业进入这些大财团的系列化生产体系，对这些大企业存在较强的依附性和从属性。尽管近年来日本政府通过了一系列禁止垄断和保护、扶持中小企业的政策、法规，在一定程度上削弱了垄断大企业对中小企业的掠夺，但两者从属关系的本质并未改变。另外，日本战后崛起的一些企业集团，如丰田、松下等，集中在高技术尤其是电子信息业领域内，这些集团仍旧控制着大量的中小企业。

另外，在实现技术的跨越过程中，为有效提高后发国家稀缺资源的利用效率，日本非常重视产业内的合作。如在数控机床的发展过程中，日本产业界在通产省的积极鼓励下，由法那克公司集中设计和制造数控机床的控制部分，使其在日本市场上的占有率达到了80%～90%，而其他厂家则分工于其他部件。这种合作分工关系总体上提高了日本数控机床业的效率，避免了美国数控机床业由于各企业都想使自己的标准成为行业标准而导致产品相互不兼容而削弱竞争力的问题。合作研究计划也是技术跨越者加强产业内合作经常采用的方式，在面对某些高投资壁垒的技术开发中，合作研究联合开发可以降低成本、减少风险。

2. 两国自主创新研究开发投入的比较

美国的R&D投入是全世界最高的，其中大部分是由美国联邦政府资助，而且研发经费的大部分投入到具有公共物品性质的基础研究和应用基础研究上。基础研究工作主要是由大学和国家实验室承担。对基础研究的大量投入使美国在原创的、突破性的技术创新上具有优势，牢固把握高新技术产业发展的技术源头。第二次世界大战以后，美国科学家先后在核物理、空间物理、科学、电子和光电子学、材料科学、生物学等方面取得重大突破。这些科学上的重大突破又相继导致了核技术、空间技术、电子技术、通信技术、生物工程技术等应用技术的重大突破。20 世纪的一些重要产品，如晶体管收音机、彩色电视机、录像机、数控机床、电子计算机等，都是由美国在第二次世界大战后最先开发推出的。

日本作为技术跨越者，将研究开发活动的重点放在应用研究和产品与工艺的开发上。通过直接进口先进的生产设备、购买技术许可证或专利、购并国外高技术公司和 OEM 等方式，引进有市场前景的技术作为主要的技术来源，然后进行开发改进，进行持续的、渐进的技术创新。而且日本基础研究中的 37% 是由企业完成的，而美国只有 22% 是由企业完成的，所以日本的基础研究与应用和开发关系要比美国密切。日本 R&D 中的 80% 以上是用于支持直接从事与市场需求相关的研究与开发，而大学和国家研究实验室的研究与开发经费却低于 20%。美国企业只把 1/3 的研究开发经费用于改进工艺技术，其余 2/3 用于新产品开发；而在日本，这个比例正相反。与美国以政府资助研究开发的模式不同，日本政府提供的研究开发经费在总研究开发经费中的比例也要比美国低很多。这样一个资助结构，也是为了能使研究开发更好地适应市场需求，在企业层面上解决产品与工艺创新问题。

3. 两国人才管理方式的比较

美国的教育特别重视大学和研究生教育，强调培养学生的创新精神和独立研究的能力，特别鼓励大的创新和变革。而在日本，大学教育是以教学为主，以知识的传播为目的。教育的首要目标是造就千千万万高素质的劳动力大军。这种教育体系中特别强调使所有的人普遍达到一个较高的平均水平，因而初等和中等教育在这些国家中占有十分重要的地位。日本是最早普及义务教育的国家之一，甚至在他们的经济发展水平还十分落后的时候，义务教育水平就已经大大超前。

在就业制度上，美国员工的流动性要高得多，较高的流动率有利于思想的交流，也有利于创新，但由于没有稳固的职工队伍，制造和工艺水平则不易提高。美国制造业员工的流动率是日本的两倍。日本的企业多采用终身雇佣制，稳定的职工队伍有利于制造和工艺技术的提高，稳定的劳动关系使他们的工作日损失要大大低于美国。但年工资制对高学历者不利，导致人们不愿继续深造；其次，日本以应用研究和开发为主的企业界也不愿雇佣传统上被认为是更适合做学术研究的高学历获得者，日本的博士生数量少失业率却很高，这些都会制约其创新能力的进一步提高。

职业培训也是日本教育体系中极其重要的一环，其目的是为了提高工人的操作技能和充分积累在本岗位的工作经验。为适应特定产业和企业的需要，这些培训活动多由公司提供，而并非由国家计划来组织。日本企业的培训活动主要包括以下特点：①通过在各个部门轮换工作来获得最重要的一般技能。例如，三洋公司所有新雇的工程师必须在研究、制造和销售部门轮流实习，工人则需在车间内的各个岗位或各个车间轮流实习。②通过公司设的专门教育训练中心对员工进行培训，而很少依赖公司外的专门教育机构。③鼓励员工参与质量小组或是改进公司业绩的其他小组活动。

（二）简要评价

通过上述比较分析，我们认为：

（1）美国这样的技术领先者在进行创新活动时通常面临巨大的不确定性，一项耗资巨大的科学新发现并不总是能够转化为商品，生产同一种商品也可以存在不同的技术选择，这就要求有一个非常灵活的市场机制对创新进行筛选。同时，还必须应付来自技术跨越者的竞争，技术领先者要继续保持自己的优势，只有不断通过新的创新活动，创造新的技术和产品来摆脱追赶者。这种创新最好是革命性的，如采取完全不同于以往的技术路线，从而使追赶者在旧技术路线上积累的知识和经验失效。这时就需要一个特别能够鼓励进行重大创新变革的机制。综合起来看，技术领先者需要一个能够不断造出为市场所接受的新东西的制度安排。

（2）对日本这样的技术跨越者而言，由于面对的是技术领先者的技术与市场优势，首先需要一个能够充分动员资源的机制来获取生产能力与市场份额；其次要想在成熟产品市场上战胜技术领先者，除了在价格因素上，最终还必须在产品性能上超越领先者，这就要求追赶者有一个鼓励进行产品与工艺创新的机制。综合地看，追赶者所要求的是一个能够创造出为市场所接受的好东西的机制。

（3）两种模式下各种特征和制度的安排都有其内在的逻辑性与必然性，这保证了他们能在各自的环境与条件下获得成功。但这些模式是动态发展的，并非是一成不变的，只有及时根据环境的变化和自身状况的变化做出必要的调整才能实现长期稳定发展，近年来两种模式间表现出互相学习的趋势。

(三）启示

1. 企业应成为自主创新的主体

在市场经济条件下，几乎所有的发达国家，企业都是科技创新的主体。借鉴美、日发达国家的经验，中国各级政府必须从战略上确立并不断巩固企业在自主创新中的主体地位，进一步推动科研院所及高校的体制与机制改革，并通过政策引导，使大学、科研院所的科技力量集中围绕企业的需求进行研究开发，支持和鼓励更多的科技资源向企业流动。要支持和鼓励企业与科研院所及高校建立优势互补、风险共担、利益共享、共同发展的“产学研”合作机制，逐步实现一些科研院所编入对口企业，使科技力量充实到自主创新的第一线，增强企业的研究开发能力。要充分发挥政府的主导作用，发挥市场配置科技资源的基础性作用，发挥国家科研机构的骨干和引领作用，发挥大学的基础和生力军作用，特别是发挥企业自主创新的主体作用，以实现最佳组合，产生最大效益。同时，要鼓励联合研发与创新，完善相关机制，加强不同企业研发机构的交流与合作，提高科技资源利用效率和运行效率。企业创新的关键是企业家，核心是企业家的创新精神。积极吸引和动员在国外的科技人才回国工作，实行开放的用人制度，在用人范围上要突破单位、部门、区域甚至国籍的限制，面向国内、国际人才资源市场。同时，还须在合同聘任的基础上，采取长期的、短期的、兼职的、临时的等灵活多样的用人方式，为人才投资收益最大化创造条件。

2. 充分发挥市场机制的基础性作用

美国和日本自主创新成功的原因之一就是充分发挥市场机制的基

础性作用。产业层面的自主创新归根结底是一种经济活动，必须遵循经济规律和市场法则。市场对企业自主创新具有重要的激励作用。市场机制通过价格体系发挥着提供信息、经济激励和决定收入分配等功能，有利于促进企业自主创新。同时，市场过程也是一个对技术创新进行自组织的过程，市场对自主创新的正向刺激促使企业产生获取超额利益的预期，逆向刺激则危及企业的生存，市场产生的正向拉力与逆向迫力与企业谋求生存与发展的内在要求相结合，是形成企业自主创新行为的基本动力。但是，市场体系本身还相当不完善，市场发生效用的范围还较为狭窄，市场机制的资源配置行为还经常为原有体制的惯性因素所扭曲。在这种情况下，市场对自主创新的激励作用是有限的，要完善自主创新的动力机制，加快自主创新进程，除了依靠市场的作用外，还需要借助政府行为促进市场体系的发育，更好地发挥政府的宏观调控职能。加强政策的导向和支持，一要完善市场交易制度，推动自主创新成果交易；二要培育能有效激励自主创新的市场竞争制度。同时，还要加大对不正当竞争的打击力度，保证竞争行为的规范有序，增强创新动力。

3. 自主创新中政府支持至关重要

美、日经验表明，以企业为主体、市场为导向、产学研相结合的技术创新体系的形成，并不是市场机制的自然延伸，而是政府战略主导、政策支持与市场机制合成演化的结果。政府一定要制定对国家经济和社会发展产生重大影响的自主创新计划，围绕计划强化对企业自主创新的促进、协调和支撑。具体来讲：

（1）要降低企业的税收和各项社会负担，以逐步提高企业研发经费占其销售收入的比重；要加大财政科技投入稳定增长的幅度，加快培育科技创新的资金市场，调动和引导社会资金，多渠道、多方式增加对企业研发活动的投入，尽快实现研发费用与GDP同步增长；要建立健全技术开发准备金制度，技术及人才开发费税金减免制度，以及新技术推广投资税金减免制度等，鼓励企业建立研发机构，重点支持对行业科技进步贡献大的研发机构建设；在一定条件下，政府要优先采购本国企业开发的产品；要整合现有的科技发展资金，改进资金使用方式，提高资金使用效率，设立高新技术产业专项补助资金，重点支持一批技术先进、能形成自主知识产权、产业化前景良好的高新技术企业；要对已经认定的国家级和省市级技术研究开发机构、国家工程中心、国家重点实验室给予资助；要安排专项经费，鼓励企业研制具有自主知识产权的国际标准、国家标准和行业标准，资助企业申请国内外发明专利。与此同时，要建立功能完备的、高效的金融支持系统，探索并形成各种自主创新的金融支持机制。例如，创立中小企业创新基金并与科技担保公司合作，形成风险准备基金等；建立科技产业发展银行或中小企业发展银行；积极推进科技金融工具创新并运用它们（对重大科技专项资产实行证券化、发放可转换债券、票据贴现等低风险业务）进行融资。

（2）加大对引进技术消化吸收的支持力度。政府在政策层面上，一是应设立消化吸收专项资金，支持企业的研发活动，支持企业和科研单位合作，加强对引进技术的消化吸收和再创新；二是在重点产业领域要制定限制重复引进技术和设备的政策，如提高重复引进技术缴纳消化吸收资金的比例。

（3）为企业利用国际科技资源服务。

要充分利用国际科技合作渠道，为企业引进国际智力和技术提供方便，为企业在海外建立研究开发机构和产品出口提供服务，为企业与国外的大学、科研机构和企业建立联系牵线搭桥。

4．营造有利于创新的法制环境和市场环境

营造法制环境，就是要建立、健全鼓励创新、保护知识产权的法律、法规，加大执法力度和侵犯知识产权的处罚力度，提高侵权成本。营造市场环境，应促进形成公平竞争的市场秩序，打破垄断，放宽市场准入，减少差别待遇，公平税负，使高技术企业和非高技术企业、国有企业和民营企业、内资企业和外资企业，都能在相同的市场环境下公平竞争，加大各类企业的创新压力，促使企业不得不将改进技术和自主创新作为赢得市场竞争的手段。

二、韩国企业自主创新的路径分析及启示

党的十六届五中全会就明确指出：要深入实施科技兴国战略和人才强国战略，把增强自主创新能力作为科学技术发展的战略基点和调整产业结构、转变增长方式的中心环节，大力提高自主创新能力，建立以企业为主体、市场为导向、产学研相结合的技术创新体系，形成自主创新的基本体制框架。韩国在过去40多年里，由一个自给自足的农业国成功地发展成为新兴工业化国家，韩国自主创新的成功经验对我国非常有启发。

（一）韩国企业自主创新的路径分析

韩国企业自主创新的路径划分为三个阶段：复制模仿阶段、模仿创新阶段和自主创新阶段。

1. 复制模仿阶段的成功经验

韩国在20世纪60年代首先从纺织品、玩具等轻工业入手复制模仿国外的先进技术，到70年代，技术的模仿逐渐过渡到钢铁、汽车等重工业领域。在此阶段，对韩国技术基础的建立起巨大作用的因

素有：

（1）重视教育。韩国对各个水平的教育都非常重视，尤其是注重各层次人才的协调发展，形成系统的人才梯队，这为韩国工业化过程准备了充足的人力资源。

（2）充分利用国外技术转移。韩国在工业化初期为积累科技实力和构筑技术基础，积极利用各种正式渠道与非正式渠道争取国外的技术转移。在复制模仿阶段，小公司多采用查阅文献、反向工程再造、通过 OEM 方式进行技术协作等非正式方式获取国外的先进实用技术，大公司则更多的是通过与国外供应商签订技术转让协议等来积累自己的科技实力。

（3）政府对家族集团的扶持。韩国的家族集团是带动韩国工业化的主力军，这些公司财力雄厚，大量购买国外的技术，并且新技术、先进的管理经验在各子公司、分公司中扩散迅速，整体实力提高较快。政府有意识地加强对这些家族集团的扶持，促使这些公司成为带动韩国技术追赶的中坚力量。

（4）技术人才的流动性。技术人才的流动是韩国企业培育建立自身技术基础的重要途径，很多公司都是通过引进技术人员和管理人员的方式建立自己的技术基础，如在 20 世纪 50 年代，许多国有的化学和机械公司都是通过聘用国外的技术人才建立最初的技术基础。

2. 模仿创新阶段的成功经验

通过复制模仿阶段的知识积累，加上韩国劳动力成本较低等优势，韩国产品在国际市场上具有一定竞争力。在 20 世纪 80 年代初，企业面临进一步提升现有知识水平的需要，韩国的技术学习由原来的复制模仿逐渐转移到通过模仿进行创新阶段。为了提升既有的知识基础，政府和企业采取了一系列措施：

（1）加强从正规渠道获取先进技术的力度。接纳国外技术转移从而积累自己的技术基础是韩国企业最主要的建立方式。通过反向工程再造等非正规渠道虽然可以较低的成本获取国外成熟的技术，但是更先进、更复杂的技术只能通过技术协议、合资等正规渠道才能获得。在模仿创新阶段，政府和企业更多的倾向于从正规渠道获取更先进的技术。

（2）政府充分认识到高技术人才的力量，采取积极灵活的政策，吸引和动员在国外的韩国籍科技人才回国效劳。政府坚持不懈的努力取得了显著成效，许多私人企业也以优厚的条件吸引在外的韩国科技人才。

（3）公司内部 R&D 活动的加强是这个阶段一个非常突出的特点。据统计，韩国在 1970 年只有一家企业设立了研究部门，到 1990 年，公司内部的研究试验部门超过 960 家；20 年里全社会用于 R&D 的投入由 2 860 万美元增长到 46.8 亿美元，R&D 支出占 GDP 的比重由 0.32%扩大到 1.95%，在同期的发展中国家中增速最快，其中的私人投资部分也从开始的 2%猛增到 81%。企业作为技术创新的主体，研发实力明显增强，不仅提高了在国际市场中的技术选择、甄别及谈判的能力，而且也加快了技术学习和扩散的进程。

（4）在模仿创新阶段，企业对知识丰富、训练有素的科学技术人才的需求量猛增。为了解决国内教育不能满足需求的矛盾，并积极倡导国内高校由原来单纯以教学为目的向以研究和发展为主过渡，政府出资设立了国家科学技术发展研究院，并根据工业的不同门类成立了面向化学研究、电子工程研究、机械自动化等专业研究机构。

3. 企业自主创新阶段的成功经验

经过模仿创新阶段的积累，韩国整体知识基础又上了一个台阶，企业集团开始将研究的目光更多地投向科技前沿领域，密切关注未来技术的发展动向，在现有知识的基础上不断尝试自主技术创新。政府充分认识到基础科学研究的重要性，在教育系统内进行大刀阔斧的改革，将十多所高校改组为以技术研究为主，以教学为辅，高校研究人员的数量由 1990 年的 2.13 万人增长到 1998 年的 5.12 万人。

（二）对韩国自主创新路径的思考

（1）出口导向是刺激企业加强技术学习的一项有效的公共政策，以出口导向为目标的产业，紧密关注国际产品的发展动向，受到国际市场竞争压力的直接刺激，其学习和消化国外先进技术的速度和效率明显高于以进口替代为目标的产业。

（2）采取普及教育和强化高校研究职能的措施有力地协助企业构筑自己的知识基础，在韩国技术发展的复制模仿阶段，教育的普及和快速发展为产业界培养了大量训练有素的技术工人，在模仿创新和自主创新阶段，全社会对 R&D 的重视是促进工业化快速发展的重要因素。

（3）在外科技人才回国工作的政策在韩国工业化的整个过程中发挥了积极的作用，这些科技人员在向国内企业介绍、传播国外先进技术过程中起到媒介和桥梁作用，并且也给企业带来了许多国外的先进管理经验和运作模式。他们也是进行自主技术创新的主角。

（4）不断升级整体的技术基础是韩国进行自主创新的跳板，引入高科技人才、接受国外技术转移、通过研究进行学习是韩国在工业化初期建立自身知识基础普遍采用的方式，而且这三种方式在运用过程中相互补充，协同运作，共同发挥着积极的作用。整体技术基础的建立和加强为韩国进行自主创新提供了一个知识平台，借助这个平台，韩国不断向技术前沿靠拢，竞争实力不断增强。

（5）对处于生命周期不同阶段的技术采取不同的引进措施，技术本身具有出生、发展、成熟、衰退的生命周期，韩国根据处在不同阶段的技术，采取了灵活的吸收政策，取得了积极的效果。比如说，对于已经发展成熟、相对简单的技术，企业多采取对国外商品进行“反向工程再造”的手段掌握国外技术，而对那些超过企业研发实力的复杂技术，则通过签订技术转让协议等方式购买，在外方的协助下消化新技术。为了接近和把握技术发展前沿，韩国企业则直接在技术发达国家设立研发机构或者兼并当地的高科技企业。这些灵活的技术引进措施提高了韩国技术学习的成功率。

（三）启示

1. 确立企业在自主创新中的主体地位

借鉴韩国经验，根据我国自主创新的现状，紧紧围绕建立以企业为主体、市场为导向、产学研相结合的技术创新体系，进一步推动科研院所及高校的体制与机制改革，并通过政策引导，使大学、科研院所的科技力量集中围绕企业的需求进行研究开发，支持和鼓励更多的科技资源向企业流动。要以“产”字当头，支持和鼓励企业与科研院所及高校建立优势互补、风险共担、利益共享、共同发展的“产学研”合作机制，逐步实现一些科研院所编入对口企业，使科技力量充实到技术创新的第一线，增强企业的研究开发能力。要充分发挥政府的主导作用，发挥市场配置科技资源的基础性作用，发挥国家科研机构的骨干和引领作用，发挥大学的基础和生力军作用，特别是发挥企业技术创新的主体作用，以实现最佳组合，产生最大效益。同时要鼓励联合研发与创新，完善相关机制，加强不同企业研发机构的交流与合作，提高科技资源利用效率和运行效率。

2. 引导企业加大科技开发投入

借鉴韩国经验，各级政府要通过完善的政策支持，引导企业加大科技开发投入。

（1）降低企业的税收和各项社会负担，以逐步提高企业研发经费占其销售收入的比重。

（2）加大财政科技投入稳定增长的幅度，加快培育科技创新的资金市场，调动和引导社会资金，多渠道、多方式增加对企业研发活动的投入，尽快实现研发费用与 GDP 同步增长。

（3）建立健全技术开发准备金制度、技术及人才开发费税金减免制度，以及新技术推广投资税金减免制度等，鼓励企业建立研发机构，重点支持对行业科技进步贡献大的研发机构建设。

（4）整合现有的科技发展资金，改进资金使用方式，提高资金使用效率，设立高新技术产业专项补助资金，重点支持一批技术先进、能形成自主知识产权、产业化前景良好的高新技术企业，要对已经认定的国家级和省市级技术研究开发机构、国家工程中心、国家重点实验室给予资助。要安排专项经费，鼓励企业研制具有自主知识产权的国际标准、国家标准和行业标准，资助企业申请国内外发明专利。与此同时，要加大企业自主创新的金融支持力度，也就是要建立功能完备的、高效的金融支持系统，探索并形成各种自主创新的金融支持机制。例如，创立中小企业创新基金和科技担保公司合作，形成风险准备基金等；建立科技产业发展银行或中小企业发展银行，积极推进科技金融工具创新并运用它们（如对重大科技专项资产实行证券化、发放可转换债券、票据贴现等低风险业务）进行融资。

3. 加强企业科技人才队伍建设

（1）对特殊人才要给予特殊待遇。企业应把 80%或 70%的奖金提供给 20%或 30%的技术骨干。此外，实施股权激励政策。

（2）建议国家在企业中实施“人才工程”，积极引导人才向企业流动。大学和科研院所的专家教授，可以挂职到具有博士后工作站的企业技术中心工作。

（3）规范人才流动秩序。有的国企科技人员被民营企业挖走，甚至带走核心技术和商业秘密，给原企业造成很大的损失。建议国家制定相应法律、法规，在鼓励人才流动的同时，更要加以规范。

（4）吸引海外人才回国工作。重视发展国内的高等教育，为高素质人才实现自身价值创造条件。实行开放的用人制度，在用人范围上要突破单位、部门、区域甚至国籍的限制，面向国内、国际人才资源市场。同时，还须在合同聘任的基础上，采取长期的，短期的、兼职的、临时的等灵活多样的用人方式，为人才投资收益最大化创造条件。

第二节　国外自主创新示范区建设的成功经验及启示

一、美国自主创新示范区建设的成功经验及启示

（一）美国硅谷的成功经验及启示

1. 美国硅谷的成功经验

美国硅谷作为美国科技业乃至全世界的信息产业的龙头，其科技中心的地位迄今已令人望尘莫及。硅谷在发展初期，利用以硅为基础物质的半导体为发展积淀，渐渐发展为高科技公司的聚集地。如今的硅谷不再仅仅依靠其芯片的核心业务，而开始运营多元化的高科技，

许多优势产业如计算机软件、生物制药等行业均处于世界领先地位。

近年来，随着经济全球化对经济各个领域的渗透，硅谷也开始改变一直以来的自我驱动的发展模式，渐渐形成同全球经济相互融合、相互渗透、相互促进的经济模式。这种模式将被动改变成为主动适应，通过吸引全世界的资金和人力资源，同时出口技术产品，有效地整合了各个领域的经济资源，从而实现效益最大化。

1）中小企业集群

中小企业的集群是由于硅谷鼓励而建立的。分散学习在网络的有力支持下显现出其独特的优势，这就更加有利于相关企业园区内形成有效集群。而集群的形成，不仅能够为中小企业获得更加广泛、专业的资源，而且能为其减少管理成本、降低培训成本、增强外部收益。

2）扁平的网络型组织结构

与一般企业组织结构不同，硅谷组织结构属于一种分权式、扁平化的结构。这种组织结构可以有效促进良性竞争，增强产业集群中每个企业的竞争力，从而互利共赢、共同进步、共同发展。它实现了工作重点，促进新组织结构形成新思维，让企业实现了组织管理的创新及进步。在经济发展新趋势下，这种独特的组织结构能够与企业的发展相关联，从而使企业拥有更加广阔的发展平台。

3）以地区网络为基础的产业体系

硅谷的企业内部职能不像传统产业泾渭分明，而硅谷的体系属于开放合作型的地区网络体系。这种体系主要通过各个产业相互交流、相互学习，同一产业的各个企业也通过相互学习，从而进行良性竞争，以此促进共同进步。因此，尽管产业园区中各种产业也会存在资源的竞争，同一个产业中的各个公司在市场上同样存在激烈的竞争，但这种公平的竞争有利于整个行业，甚至整个产业园区实现更加高效的发展。

4）独特的文化

硅谷文化中，对失败抱以宽容态度的文化创新极大地激发了员工大胆尝试、不怕失败、勇于探索的激情，同时这种不断创新、不懈奋斗的热情，给予硅谷更加顽强、更加新鲜的生命力。硅谷文化中虽然有竞争，但是这种竞争有利于促进自身能力的提高，从而促进整个行业发展的竞争，而不是追逐利益的恶性竞争，因此，这种文化会让硅谷的竞争体系更加完善，让硅谷的文化更加丰富。

2. 启示

1）科、技、产三位一体的发展模式

科、技、产三位一体的发展模式不仅是多角度、多维度的网络形式，而且是以政府为桥梁，以高新企业、投资公司以及科研机构为主体的发展新方式。其中，政府的桥梁作用既可以增强企业发展的信心，又有利于把握创新示范区的发展大致方向。相对于传统的发展模式，该模式有着更加强大的动力系统和良性的循环机制，会让高新企业拥有坚实的平台和强有力的保障。

2）以中小企业为核心的发展模式

从创新主体看，中小企业逐渐显现出它们的优势，通过小批量生产减少库存，同时其独特的产品经营模式具有弹性及开放包容性。因此，在知识经济的条件下，中小企业成为硅谷实现创新发展的主要力量，为高技术工业区的整体生产率的提高做出贡献。高技术小公司因其规模的可变性较强，随之是较为适用的独特的管理模式。比如，当公司规模需要扩大时，为了减少企业的生产成本，一般会将产业已经标准化的产品制造部门转移到美国其他地区，而作为科技核心的硅谷只保留最具价值的功能——研究和开发功能。而这种独特的模式可以使硅谷中的中小企业都拥有核心竞争力，也会使硅谷实现效益最大化。

3）独特的创新文化模式

从创新环境看，硅谷的环境不同于以往严格、规范的环境，而是增加了自己的特色，形成独特的创新文化模式。在硅谷的创新文化中包含着自由、宽容、豁达的精神，这也为硅谷的创新文化提供了新的含义，这也是硅谷一直处于世界科技领先地位的最深刻的原因。对创新失败的宽容，是创新文化的集中体现，与传统的企业文化相比，这种文化的不同在于它给予员工更多的自由和包容，它允许公司人员的超流动、穿着随意、工作时间自由。

4）新兴产业发展的经济生态系统

由美国硅谷的经验可知，建立的经济生态系统必须有利于加快新兴产业发展，建立的过程主要有三个步骤：

（1）科技投入体系的建立和完善。与单一的投资体系以及吸收资金的方式相比，多元化、多渠道的资本市场体系，符合现今经济发展趋势。它不仅能加强资金的投资力度及投资广度，而且能够有力地促进资金的运转率，同时提高吸收闲散的社会资金的能力。此外，政府需要充分运用财政政策，包括财政拨款、政府贴息、政府担保等。

（2）活跃创新平台的建立和完善。政府需要充分发挥其中介职能，设立鼓励科技创新的研究中心和保护科研成果的管理机构。同时，科技成果转化交易服务中心可以对创新成果具有良好的保护作用，也具有网络功能和集成功能。科技创新平台的建立以及完善离不开科技投资资本的保驾护航，因此，适当引导企业增加科技创新的资本投入，从而加快建设科技企业孵化器的步伐显得十分必要。

（3）产业技术创新联盟的建立和完善。以联盟为基础，通过协调成员之间的分工及产品生产的配套，实现资源的优化配置。通过构建产业技术信息平台，促进创新联盟组织结构及竞争机制的建立。新联盟的联系方式，主要建立在产学研相结合的组织活动上，而沟通和合作，主要依靠建立标准高效的信息交流平台。

（二）美国硅巷的成功经验及启示

1. 美国硅巷的成功经验

与举世闻名的标志性地域硅谷相比，硅巷甚少被人提及。然而，硅巷作为美国纽约经济重要的影响因子，硅巷和硅谷具有相同的重要作用，同时拥有可以为其带来美好发展未来的丰厚的高科技资源，而其中的高新科技企业群更是硅巷发展的不懈动力。随着硅巷的发展，渐渐成为继硅谷之后，信息技术发展迅速的科技领域，这也使美国纽约市成为美国的“新科技首都”的目标得以实现的可能性进一步增强。

近年来，随着硅巷的发展，它不再是一个特定的地区，而逐渐衍生为一个特定的概念。据相关数据表明，作为美国东岸的科技重镇——纽约增长最快的就业来源已经从金融业转换为日新月异的科技业，就业机会的增加极大地提高了科技业对纽约民间产业的贡献率，这也在一定程度上促进了科技产业的进一步发展壮大。

于创业者而言，纽约投资渠道宽广、拥有多元化及持续成长的创业生态系统，这对于新创公司迅速获得人才和资本具有十分重要的作用，同时也会使新创业者以较快的速度收回成本，提升信心，从而进一步发展企业。硅巷中含有许多大型媒体、时尚产业以及信息科技产业，以至于其新创公司密集度较高，这为创业者更加容易接触到潜在合作人和与其公司相适应的人才提供了更多的可能。

硅巷因地理位置优越，吸引了许多知名创投业者和天使投资人，对科技发展非常有利的风险投资也十分青睐具有浓重创新气氛的硅巷，这些均为硅巷进一步提升竞争力、创造力以及知名度做出了贡献。由于硅巷的办公楼竞争力极强，需求大于供给，因此，渐渐成为新兴产业，如电子商务、广告传媒以及时尚产业的首选。同时，许多企业为提高其知名度，都更愿意选择在硅巷进行创业。因此，在一定程度上，硅巷的成功给予了纽约新的发展方向和前景。

在2008年，席卷全球的金融危机，虽然给美国整体经济带来了不利影响，但是它也成为硅巷高速发展的契机，主要有以下三方面的因素：

（1）硅巷的投资资金与创业服务。全面的创业咨询及相关服务和丰富的业务指导能够帮助创业初期的企业更准确地找到公司的经营方向及自身的优劣势。除此之外，纽约地区拥有的功能强大的孵化器可以吸引投资，从而进一步促进企业的发展。

（2）硅巷的人才优势。2008年的金融危机使如日中天的金融产业受到重创，相对的，这也为互联网产业的强势崛起提供了新的机遇。华尔街对美国高素质人才的吸引力渐渐不如日益崛起的互联网产业，互联网产业高效发展吸引来的创新型、专业性人才，为整个硅巷的互联网产业的发展提供有生力量。

（3）政府的政策支持。作为世界首屈一指的都市，纽约为了维护其国际大都市的位置，政府做出的努力不可忽视。政府为了实现经济持续稳定发展的目标，吸引具有专业研究技术和高超科学技术的研究所和高校，不仅提供优惠的资金政策，也提供了优惠的土地政策。

硅巷作为一个新兴发展的产业集聚区，它拥有着独特的优势，其中主要的一个方面就是拥有创新、服务的优良环境，主要包括以下三点：

（1）硅巷拥有独特的创新生态系统。产业互助系统是硅巷可以进行创新发展的基础，它动态地结合了整个纽约的金融业、时尚业、广告媒体业、出版业等各类产业，将其进行有机融合，互帮互助，共同进步。因此，这种良性且具有创新型的生态环境，为硅巷中的初创企业提供了极大的便利以及良好的发展前景。

（2）硅巷拥有丰富的创新人才。据研究表明，85% 的高新技术企业地理位置的选择都首先会考虑人力资源，毕竟人才是一个企业前进发展的不懈动力。硅谷所处地理位置极其优越，周围著名的哥伦比亚大学、纽约大学等学府都为硅谷人力资源的丰富做出了卓越的贡献。除此之外，硅巷拥有大量的创新人才，如作家、编辑、设计师等，为近期发展迅猛的新媒体产业提供了更多的选择。

（3）硅巷拥有宽广的资金来源。纽约作为美国首都、“国际金融之都”，自身拥有完整的资金链条、充沛的消费能力。同时，资金来源的丰富会为硅巷中初创的高科技公司甚至处于上升期的公司提供更加完善的保障，使其心无旁骛地进行创新发展。

硅巷若要进行稳定发展，始终离不开政府的扶植与帮助，政府将软件与硬件进行有机结合促进硅巷高速发展，主要分为三个步骤：

（1）“公私合营”将政府资金与社会资本结合在一起，壮大资金总量，增强运营能力和发展能力。政府主要通过投资补助和贷款贴息等优惠政策鼓励社会资本的投入。社会资本和政府资本进行有机结合会让资本的作用实现更好地发挥。这样，公私合营就能降低社会资本投资风险。纽约政府与商业区的楼房业主进行合作，从而降低房屋租赁成本，以此增强硅巷对世界各地新信息技术公司的吸引力。

（2）减税方案，提高收益。为了提高创业者的创新及创业热情，硅巷建立之初，为减少纽约市偏高的税收所带来的不利影响，制定了一系列优惠政策。政府在一定程度上向创业者发出了“示好”的信号，因此，对于致力于创新却惧怕风险的高新技术企业具有强大的吸引力。

（3）改善设施，增强效益。为了增强城市的网络连通能力，政府建设了更多的信号塔；为了增强城市运输能力，政府设立了更多的地铁站，同时，增加光纤线路的安装，从而可以更好地进行高速数据的传送，增强整个城市的信息处理能力。除此之外，还大力推进旧城区的管线改造计划，为城市随后的商业繁荣提供重要保障。

2. 启示

（1）国家自主创新示范区的模式选择需要因地制宜，博采众长，而不是拘泥于传统的科技园区模式，不能局限于较成功的硅谷模式。模式的选择应该立足于国家实际情况，而最重要的是通过提升自主创新来促进科技的发展，这也是我国自主创新示范区发展的不竭动力。

（2）为促进我国经济发展，综合国力的增强，寻求科技创新，从而创造新的经济增长点成为现阶段有效的途径之一。国家较强的科技研究能力以及高科技产品的生产能力都会为国家经济的发展提供更加强大的动力。同时，国家的自主创新能力以及科技创新能力可以显示出国家的综合实力，因此，塑造有利于科技创新的环境于我国现阶段而言是极其必要的。

（3）市场化机制作为大部分发达国家发展经济的基本形式，确实可以使市场资源进行更加高效的配置。然而，市场机制不再仅仅是一种机制，而是一种具有“动态化”的性质，可以进行有效的“自主选择”，将经济发展的“动力系统”和市场机制进行有效结合的多功能机制。

（4）于我国而言，政府“看得见的手”的作用在经济发展新常态的推动下，更能显现出其独特的魅力，不仅可以把握整体的宏观目标，最重要的是可以弥补市场机制的缺陷。美国政府通过宏观的财政及货币政策在一定程度上对经济整体进行调节，就是为了使经济能够更加平稳地运行。

二、日本筑波科学城的成功经验及启示

（一）日本筑波科学城的成功经验

1. 筑波大学的纽带作用

筑波科学城以“国家科技创新”为使命，而国家的科技创新离不开创新人才，因此，将筑波大学作为筑波科学城的中心地区来建立，而筑波大学培养的一批又一批的创新人才，也为筑波科学城的发展创造了活力，同时也为科学城的发展提供了源源不断的动力。科技人才的增加可以提高城市发展的核心竞争力，为研究机构以及科技园区的互利共存奠定有力基础。

此外，筑波大学培养的一批又一批的创新人才也为筑波科学城的发展创造了活力，同时也为筑波科学城的发展提供了源源不断的动力。

2. 健全的立法保障和大量优惠政策

健全的立法保障为整个筑波科学城的稳定发展提供了必要的基础，相关的法律法规不仅较为严格，同时可以较为全面地覆盖高新技术产业地区的各个方面。为了促进科学城进行高效发展，《筑波研究学园都市建设法》和《研究交流促进法》的实施成为捍卫科学城健康发展的一把“尚方宝剑”。它们不仅明确规则产业园区内部建设计划，同时为了促进科学城的人才及科研交流和私营研究机构的发展，对国

家研究所和私人企业之间的科研交流及人才共享做出了具体的规定。而具体规章《实施令》就研究学园地区的区域问题做出了更加具体的说明，减少了“搭便车”所带来的不利影响。此外，为促进科学城区高效有序的发展，政府不仅通过立法手段对租赁房地产进行优惠，而且对新成立公司进行各方面税收的优惠。

3. 保护环境、协调发展的规划理念

筑波城境内大范围的山地森林、旱田水田以及公园绿地，增添了筑波科学城的绿色和生机。人与自然和谐相处的生存环境，增强了筑波科技城对优秀科技人才的吸引力。为了筑波科技城的健康发展，政府将筑波科学城周围的筑波山、牛久沼设为山地自然林保护区、湿地植被保护区。

筑波科学城最初的城市规划理念，就是将筑波科学城中的科技生产活动、经济发展活动以及居民生活活动进行有机结合。保护环境协调发展的规划理念不仅需要保护筑波的自然环境、文化遗产，还要让筑波的居民保持健康的生活习惯，从而充分发挥筑波城市的综合功能。

4．1985 年的筑波世界博览会促进了筑波的发展

日本政府举办的筑波世界博览会，不仅有助于提升科学城对全世界的吸引力，更有利于科学城发展潜力的提升。它不仅可以推广研究成果和创新技术，增强日本与世界各国的科技合作，并为日本未来更深入的科技发展提供难能可贵的机会。

1）基础设施建设的推动

基础设施是否完善是衡量一个城市是否具有发展潜力的标准之一，基础设施本身的特点直接决定它不会像其他投资一样高效，它需要较长的建设周期和回报周期。因此，建设周期中所发生的影响科技

生产和经济发展的事件，都会影响整个筑波科学城建设预期。日本筑波科学城初期建设遇到很多挑战，其中之一就是基础设施的严重落后。为了迎接世界博览会的到来，日本政府倾其全力在短期内创建了一系列基础设施，提高了筑波城市的综合实力，但是这也间接提高了城市居住环境的水平。

2）城市功能的完善

为迎接世界博览会的到来，日本政府开始修建商业街、食品街、购物中心等商业设施，以此吸引更多消费者，提高城市的消费能力，从而增加城市的财政收入。这同时也减弱了因常住人口较少、商业不发达所带来的不利影响。一系列商业配套设施的完善形成了良性循环，完善了筑波科学城的功能结构，提高了常住人口数量、消费能力、就业水平。

3）城市环境的美化

城市环境的美化从自然、法制和人文三方面进行全方位提高。首先，对城市进行全面净化、绿化，此外，为打造和谐的景观效果及动感的夜景，将一个干净整洁、和谐活力的筑波呈现在世界面前。然后，较为完整的环卫管理体制的运行，为保持优美的城市环境做出了贡献。最后，结束展览会后，政府将展览期间用于陈列高科技产品的宽敞空间与人们日常所应用的生活设施相连接。

4）城市知名度和国际交流

在世界博览会上，最新的高科技研究成果被一一展示，为全球各国的科技成果提供了一次被关注、被了解的机会。全球共有 37 个国际组织和 46 个国家参加，已属于国际高规格的展览会，各国的最新科技研究成果均被进行展示。因此，日本政府在给予足够关注的同时，日本的各个大公司也组织了 28 个展览馆参加。“人类居住与科技”的主题，与筑波科学城城市定位有着高度的契合。因此，筑波世界博览会的举办为筑波科学城享誉世界提供了条件，也为其与国际接轨和成为国际科学交流基地奠定了基础。

5. 采取政府直接管理模式

作为推动高新技术区建设发展的根本动力，市场和政府的作用举足轻重。众所周知，市场这只“无形的手”，在经济发展中至关重要。但是，绝不可因此忽视政府的组织力量，只有政府可以为高新区的发展确立明确的目标及发展战略，才会使高新技术区的前进步伐更加铿锵有力，并且拥有更加直接的动力。政府直接管理的模式可以根据实际情况，对发展的近期、远期目标，做出更加合理的调整，以促进筑波科学城更好地完成国家科技创新的使命。

（二）启示

1. 著名高校联手各个科研机构

筑波大学作为科学城的“中心”，它不仅为筑波科学城的有利发展提供了大量创新的、专业的人才。同时，以其“研究高校”的身份将科学园区的各个研究单位进行有机统一，促使筑波地区成为一个极具科技性及专业性的研究都市。高效的纽带作用可以整合科研院校的研究成果和投融资领域，使得研究成果和创新企业的专业技术实现良好的融合。因此，著名高校的纽带作用十分必要，它可以有效提高筑波科学城的知识底蕴，丰富筑波科学城的人力资源。

2. 健全的立法保障和大量优惠政策

健全的立法体系为筑波科学城的稳定发展提供了有力保障，为法治治城的实现奠定了坚实的基础。此外，为促进科学城区高效有序的发展，政府采取大量的优惠政策，其中最重要的就是对房地产租赁、税收的优惠，这不仅可以在一定程度上鼓励高技术企业的创建，同时也会吸引青年创业。政府为了提高科学城的产能和创造力，给予投融资一系列优惠措施。

3. 树立保护环境协调发展的规划理念

在发展科学技术、提高科学城的国际影响力的基础上，仍然十分关注居民的健康和文明。筑波通过历史文化遗产和自然资源及环境的保护，将居民生活和科学城的发展有机结合起来，建立人与自然和谐相处的生态文明城市。这种规划理念，不仅符合现在全球经济的发展趋势，同时也会为其他创新示范区做出良好的示范。

4. 通过举办著名展会促进科学城的建设

因世界博览会的举办，国家投入大量资本，为完成筑波的基础设施建设创造了有力的条件，基础设施的迅速建成，也为筑波城市竞争力的提高做出了贡献。除了基础设施的建设，国家也投资建立刺激消费的一系列商业设施，包括商业街、食品街、百货中心、宾馆等。为了将筑波世界博览会的氛围营造得更加美好，使筑波成为更具吸引力、文化感更浓的城市，国家尽力在绿化设计及建筑设计上体现出其独特性。

5. 采取政府直接管理模式

筑波科学城的建立，离不开政府的全力支持，政府不仅提供了融资基金及优惠政策，且在建立之初就采用了政府进行直接管理的独特模式。这种管理方式可以有效整合科技资源，并且可以直面国家战略目标，可以直接体现政策取向、战略布局和发展重点，可以将不同的发展计划进行统筹设计。

三、韩国大德科技园的成功经验与启示

（一）韩国大德科技园的成功经验

韩国大德科技园于 1973 年成立，距今已有 40 多年的发展史，其被称为韩国的科技发源地，是韩国最大的学、研、产集聚园区，并成为可以与日本筑波、美国硅谷相提并论的韩国 21 世纪经济的助推力。在韩国，很多重要科技成就与大德科技园是紧密相连的，成千上万的科技成果就是在这里诞生的，如断层摄像机、64Mbit 芯片、超薄膜分析技术、动态随机存储器、肾脏碎石机等，阿里耶 1 号卫星——韩国的首颗科学卫星也是在这里研制成功的。大田市在韩国原本只是一个占地面积小、可用资源少、缺乏肥沃土地的城市，但现在韩国国民经济总额中的 20% 都是由大田市贡献的，其已成为帮助韩国实现经济迅猛发展的成功案例。很好地贯彻实施以科技园带动城市创新的政策是大田市这样一个方寸之地能发挥如此庞大的经济力量的主要原因。

（二）启示

1．政府给予政策支撑

韩国政府于 1973 年 12 月对大德科技园的整体布局规划给予初步的拟定，并着手创建对教育加以研究的机构和所需设施。1974 年 3 月参照日本建造知名筑波科学城的经验，其主要是以培育顶级科技精英、加快科研成就的转化、开拓高端技术为目的，并以此带动知识集中型与技术集中型产业的发展。1978 年开始从汉城（现称首尔）迁移科研机构。第一批迁入的科研机构有公立以及私立的研究所各两个，还有 CNU 的工程学院。1987 年，位于汉城的韩国高级科学研究所迁移到大德科学城，此举引致大量企业涌于此。科学城内衍生的企业之所以能快速汇集主要是得益于高技术的产业化运行体制与机制。

2．高校、科研部门和服务平台协调发展

韩国顶级科研所的兴盛与创立韩国大德科学城有着密不可分的关系。大德科学城集大学和研究机构为一体，将科学研究、生产制造和高新人才培养相结合，有效发挥其技术辐射性功能。科技城内有大学 4 所、科研机构 49 个，这里面包含了很多大企业集团的研究所，如三星、金星、乐喜等，由此便出现了官民合力研究开发的现象。在大德科学城，由大学、政府、研究机构和私人公司等建立的技术商业孵化器有 20 个。由于愈发频繁的技术合作与交流，R&D 集群已经不单单只具有研究开发功能，其正向集供给方、生产公司、金融以及服务部门等为一体发展，慢慢地就建立了完备的地域创新体制。

3．创办吸引精英人才的聚集地

韩国政府首个有组织地引入国外科技精英的机构便是韩国科学技术研究院。20 世纪 70 年代，很多研究生院与理工科大学伴随着韩国科学院的成立也都相继重视起优秀科技人才的培养和提拔。对于人才的吸引，这些研究院或研究城都有着举足轻重的作用。而政府更是不惜打破原有的行政传统，对这些科技人才加以实施奖励政策，辅以独立实验室、助手人员等丰厚的待遇。在韩国科技发展的过程中有着杰出贡献的包括韩裔海归科技人才。

4．加强国际科技合作研究

20 世纪 80 年代以来，韩国越发重视科技研究并积极推动和参与国际间的合作。与此同时，为了能够接收到更多的可以进行国际合作研发的技术，韩国还采取了科技外交：在海外积极创设研究基地、鼓励他国在韩国设立研究基地并主动与他国合作创立研究基地。

5．推出鼓励创业的政策

2005 年，韩国当局对大德科技园实施了大范围的改造，不仅重组了园区管理部门，还为推动园区发展进行国家立法与扩区，与此同时还拟定了多项鼓励创业的政策。

1）委派当局重要官员承当园区管理部门指挥者

大德科技园的未来走势受到了韩国政府的密切关注。2005 年 9 月，韩国政府借鉴天津科技园区发展的经验，委派原韩国计划预算部部长朴容澈出任园区管理机构的主席和 CEO，与此同时还招募了 30 位出色人才加入到园区管理中，而这都是为了不单单维持园区的有序发展，还希望能提升园区的运转效率。将福利中心部门、科技商业化中心部门以及管理援助中心部门建立在园区管理机构下，园区管理机构于 2005 年 11 月开始正式运转。

2）通过国家立法来实施对园区发展的保障

为了推进和保障大德科技园的发展，韩国政府拟定了一系列的法案条例，于 2005 年将大德科技园的发展纳入国家法案，其第 46 条指出：之所以创立大德科技园主要就是为了推进研发的集群，具体来说，希望能够推动研究成果的转化、鼓励企业产品上市、加强国家整体的经济竞争能力。在这之前，韩国还分别在 1993 年和 2004 年相继颁布实施过《大德科学城行政法》和《大德研发特区法》。

3）扩区以便建立全球产业汇聚中心

2005 年，韩国政府将园区土地面积扩增了 42.4 km^2，其目的是希望能够在 10 年内将大德科技园打造成全球级产业汇聚中心。扩区后的园区占地面积达到 70.2 km^2，并分为两大部分：一部分是工业中心（Industry Complex），以新添加的园区为主；另一部分则是研究中心（R&D Complex），以原有的大德科学城为主。早在 1973 年，韩国政府就为了建立大德科学城联合企业界投资了万亿韩元创设资金。

4）给予融资援助

（1）创建世界级的投资环境。包括为国外投资者提供专门区域；设立为企业提供服务的机构；从金融、人力、咨询、研发设施和市场等方面为企业的成立、发展到国际化给予一系列支持和服务，比如，对于新创立的企业给予70万韩元的创业资金支持。

（2）对创业型企业的重点支持。据悉，对于那些已经确定的创业型企业韩国政府许诺给予30～50万美元的创业资金援助，而对于那些科技含量高的创业型企业更是给予高达300～500万美元的资金援助。

（3）减免税赋。对于注册税和财产税，园区企业可以连续7年不用缴纳，7年后的接下来3年也只需缴纳50%的税款；而对于公司税、所得税和进出口关税这类税负也都有一定的优惠政策。

第三节　我国国家自主创新示范区建设的成功经验及启示

当前，中国正在加紧创建国家自主创新示范区和自由贸易试验区，这也正是提升我国自主创新能力和促进我国创新驱动发展的重要支撑载体。

一、我国国家自主创新示范区概述

我国获批创建的国家自主创新示范区有15个，而希望其能够承担起加快实施创新驱动战略的重担是其成立的主要目标，进一步促进各地区加快进行自主创新，大力发展高科技产业、战略性新兴产业，起到示范、引领、辐射、带动周边区域产业发展的作用，使大众创业和万众创新得以推进，使创新驱动发展战略得以尽快推行。

通过15个国家自主创新示范区所在的位置来看，大部分都在重点核心经济地域和地带，珠三角、长三角和环渤海三个重要经济带上共有9个，6个分别位于湖南、湖北、福建、河南、陕西、四川6个省份的区域核心。15个示范区提出各自独特的定位和发展目标，以便对中国中东部经济及全国经济发挥其辐射、带动、助推功效（见表3.1）。

表3.1　15个国家自主创新示范区的定位及目标

序　号	名　称	定位目标
1	北京中关村国家自主创新示范区	成立于2009年3月，所在地北京，定位目标为中国高新技术独立革新的起源地、中国高新技术创业和投资的黄金地、中国教育经济科技体制改革的先行试验区、中国培育和汇聚高品质精英的基地、中国战略性新兴产业的策源地
2	武汉东湖国家自主创新示范区	成立于2009年12月，所在地湖北，定位目标为培育和汇集创新英才尤其是引领产业者，重点攻克和转化引领世界的先进科技成就，做大做强具备世界影响力的创新型企业，培养一批世界品牌，整体提升东湖新技术产业开发区辐射与自主创新能力
3	上海张江国家自主创新示范区	成立于2011年3月，所在地上海，定位目标为全球一等高新技术区，具备汇聚精英人才的中心、世界影响力的科技创新中心、高新科技产业成长基地、金融与科技中心和技术交易中心、政府管制创新模范区，并作为能够与世界高新科技产业相角逐的代表中国的个性品牌
4	深圳国家自主创新示范区	成立于2014年6月，所在地广东，定位目标为形成符合创新驱动发展的体制机制，建造一批可以为全国服务并走向世界的重要科技基础设施，掌控一批有关国家核心竞争力的技术，汇聚一批拥有全球顶尖水平的科学家和研究组织，具有一批全球闻名的科研机构、中坚企业和高等院校，大规模地提高科技支持与带领社会经济进步的能力
5	苏南自主创新示范区	成立于2014年11月，所在地江苏，定位目标为拥有配置世界创新资源能力的高新技术创新中心、具备世界竞争力的科技产业基地。发挥地域创新系统中都市群的作用，创建互动发展的模范区，并以此推动更广泛的区域发展
6	长株潭国家自主创新示范区	成立于2015年1月，所在地湖南，定位目标为利用创新带动发展的先行区、进行科技体系革新的引领区、军民交融的模范区、中西部地域发展新的增长点
7	天津国家自主创新示范区	成立于2015年2月，所在地天津，定位目标为创新主体汇集区、产业发展引领区、转型提升先行区、开放创新模范区
8	成都国家自主创新示范区	成立于2015年6月，所在地四川，定位目标为创新带动发展先行区、高精尖产业汇集区、创新开放模范区和西部地区发展又一新的增长点

续表

序　号	名　称	定 位 目 标
9	西安国家自主创新示范区	成立于 2015 年 9 月，所在地陕西，定位目标为创新创业的生态区、创新驱动的先行区、改革开放的示范区、军民交融的模范区
10	杭州国家自主创新示范区	成立于 2015 年 9 月，所在地浙江，定位目标为互联网大众创业演示区、创新带动转型升级模范区、科技体制改革引领区、国际信息经济竞争先行区、世界电子商务先行区
11	珠三角国家自主创新示范区	成立于 2015 年 11 月，所在地广东，定位目标为率先转型升级、引领创新开放、生态的创业创新区、带头进行协同创新
12	河南郑洛新国家自主创新示范区	成立于 2016 年 3 月，所在地河南，定位目标为机制体制改革先行区、创新开放技术转移集中区、产业转型升级先头区、创新创业生态践行区、打造具备世界竞争力的创新创业中原地区的中心
13	山东半岛国家自主创新示范区	成立于 2016 年 3 月，所在地山东，定位目标为经济转型升级试验区、创新创业生态示范区、机制体制创新引领区、与“一带一路”相交融的示范区
14	辽宁沈大国家自主创新示范区	成立于 2016 年 3 月，所在地辽宁，定位目标为创新创业生态示范区、经济转型升级样板区、体制机制创新先行区、与“一带一路”有效融合的实验区
15	福厦泉国家自主创新示范区	成立于 2016 年 6 月，所在地福建，定位目标为将采取全方位改革创新实验，致力于创建海峡两岸共同创新引领区、海上丝绸之路技术转移中心区、产业转型升级模范区、创业创新生态先导区、科技体制机制改革先行区

资料来源：根据相关资料整理。

二、我国国家自主创新示范区创建的成功经验及启示

（一）我国国家自主创新示范区建设中的成功经验

1. 北京中关村国家自主创新示范区

我国首个国家自主创新示范区于 2009 年 3 月在北京中关村率先落成，并要求将其建成在世界产生影响的高新技术创新中心，为国家建设搭建载体。

特点：历经多年的开发与成长，中关村已经吸纳高新技术企业约 2 万家，其中最具代表性的是百度和联想，并使移动互联网和新一代移动通信、下一代互联网以及节能环保、卫星应用、交通轨道、生物和健康等优势产业汇聚于此，且形成了集新材料、高端设备与通用航空、集成电路、新能源汽车以及新能源等产业，现代服务业趋向高品质，

最终打造成特色凸显的“一区多园”的首都跨行政区的高端产业功能区。中关村集中了我国大部分人才和科教资源，拥有清华大学、北京大学等40多所高等院校，206所国家级和市级科研院所；112个国家级重点实验室，57个国家工程技术研究中心（含分中心），38个国家工程研究中心；并拥有34家海归人员创业园，26家大学科技园。中关村旨在以北京以及国家的发展为中心，获取了大量的重要科技创新成果，如汉字激光照排、汉卡、非典和人用禽流感疫苗、超级计算机等，并实现了很多关键性的技术突破，其很好地发挥了作为大批国家重点建设项目，如三峡工程、航天和青藏铁路等的支撑点的作用。

政策：迄今为止，中关村科技园区具备税收优惠试点、中央级事业单位科技成就处置权和收益权改革试点、创建全国场外交易市场试点、股权鼓励试点、高新技术企业认证试点、科研经费分配管理改革试点等六方面的创新支持政策。国务院对于北京市人民政府主动采取政府采购政策给予大力支持，主要是希望能够推行使用自主创新产品，支持企业主动创新，具体是通过在中关村科技园区进行首购、订购、采取首台（套）重要技术装备试验和示范项目等措施，鼓励在中关村科技园区创建全球一流水平的新式研究机构，并对由科技部带头创立的部际协调小组予以许可，对各部门进行协调，以便其能够对于在职责范围内对中关村科技园区创建国家自主创新示范区给予一定支持，创新机制体制，将以上政策措施贯彻实施，并对发展中出现的问题进行仔细研究最终加以解决。国务院已批复对于中关村科技园区创建国家自主创新示范区给予许可支持。

2012年8月，北京市和国务院发改委等九部委一同发布《关于中关村国家自主创新示范区建设国家科技金融创新中心的意见》，中关村需要对科技金融创新体系的建立进行更深层次的完善，努力实现金融资本与产业资本、社会资金与政府资金、间接融资与直接融资的有机结合，推动中国金融科技创新中心的建立。

2. 武汉东湖国家自主创新示范区

2009 年 12 月，武汉东湖国家自主创新示范区成立，它是我国第二个国家自主创新示范区，由于其最初就汇集了以光电子信息为主导，环保、新能源、生物、消费类电子等为支柱的高科技产业，所以武汉东湖国家自主创新示范区的建立具有良好的先决条件。

品牌优势："武汉·中国光谷"已经成为国内最大的光电子信息产业集群，中国能够在光电子信息产业领域参与到国际竞争中去的著名品牌就是"光谷创造"与"光谷制造"。

产业优势：生物、光电子信息、环保、消费电子等不单单成为总收入过百亿甚至数百亿的产业，还集聚了以光电子信息为主导，新能源、生物、消费类电子、环保等为支柱的高技术产业。

创新优势：我国首个光传输系统、第一根光纤就是在东湖高新区创造出来的，其还指导拟定了 5 项国际标准、80 项国家标准和 11 项行业标准。

环境优势：东湖高新区作为产业技术研发稳固的支撑点，具备优越的基础条件，不单单创建了一系列公共服务平台，还创办了一批自主创新平台。园区内具备浓厚的创业氛围，已含有的各类孵化器就有 11 家并集聚了近 2 万家企业，且企业的数量仍以平均每年 2 000 余家在增加。就科技成就转化奖以及股权鼓励试点这两个方面来说，东湖高新区结合自身实际情况并按照财政部、科技部财企 2010 年 8 号文的精神，拟定了《东湖国家自主创新示范区股权激励试点办法》《东湖国家自主创新示范区企业股权和分红激励试点工作细则》，其中对于科技成果折股、科技成果入股、股权出售、股权奖励、分红权激励、科技成果收益分成、股份期权等股权激励的具体比例和方式进行了明确的规定，且新增了增值权和绩效这两种激励方式；将中治南方、华工科技、邮科院等8家企业确定为初始试点单位，其中已有一些企业呈交了初步的股权激励方案。就科技金融改革创新来说，对于代办股份转让系统试点工作前期的准备工作已经得到了很好的完善。首先成立了集生物、光电子、环保、新能源、消费电子五大产业的发展基金，并提议设置股权投资基金、光谷银行明确的操作方案。对于中小科技企业的征信评级体系创设工作已经开始展开，草拟了《东湖国家自主创新示范区促进企业信用体系建设暂行办法》，制定了三个确切的实施办法，其中包括中小科技企业信用贷款、融资补偿以及担保。通过与兴业银行以及国家开发银行等金融机构的商榷，促进了商业银行在东湖高新区进行科技型中小企业信用贷款融资业务。关于非上市股份企业股权的交易，光谷和高新区以及产权交易所一起合作研究拟订了最终方案。推动了一些企业进行知识产权质押融资试点工作，查核并发放4 000万元贷款。就选购当局独立创新的产品而言，草拟了《东湖国家自主创新示范区开展政府采购自主创新产品实施细则》、公布了《武汉市自主创新产品目录》；拟定了第一批自主创新产品采购实施办法，初期计划采购LCOS新型显示以及示范区内新能源照明产品。对于推行激励创新的财政税收政策试点的工作，湖北省和武汉市决定对于将区内企业上缴税收省市留成部门全额返还给高新区的政策延伸到2013年，以此可看出对于东湖高新区的财政支持力度。与此同时，省市税务、财政部门在国家税务总局、财政部、科技部的指引下数次展开了成果转化、技术研发、创新人才与创业、重大专项与新兴产业、科技金融 5 个方面的税收政策专题调研，最终研究指出需要获得国家财税部门支持的政策建议。当前，湖北省政府正计划将相关政策建议专函报给国家相关部门进行研究。加速促进人才政策创新，力争在高端人才培育和引入的鼓励政策试点方面实现重大突破。通过组团聘请美国等地的国外高端精英，并加之推行“国外学者光谷行”等活动来全方面拓宽引才途径，设立并完善高端人才信息库。通过“3551 人才计划”，引入 67 名高层次人才，其资助总额达 9 880 万元，这是对光谷人才特区策略的切实执行。

3. 上海张江国家自主创新示范区

张江国家自主创新示范区于 2011 年 3 月在上海成立。上海张江拥有企业两万多家，其中有 200 多个世界 500 强；在 800 多个研发机构中，外资研发机构占据 300 多个，其中电子信息、生物医药、文化创意、先进设备制造、航空航天等为主导产业。在“十二五”期间，新一代信息技术（网络通信、物联网、新型展示、半导体照明、软件和信息服务、云计算等）、生物产业、高端设备制造业、新能源（风电、核电、智能电网、太阳能、储能系统）、节能环保、新材料、新能源汽车、航天航空等产业是予以重点发展的，《中共上海市委、上海市人民政府关于推进张江国家自主创新示范区建设的若干意见》清晰地指出了示范区创建的目标策略：到 2020 年，形成全球一流高新技术区，建成具有世界影响力的科技创新中心、吸纳高端人才的中心、科技金融中心、发展高新技术产业的基地和进行技术交易的中心、创新政府管理的试验区，能够形成可以和世界高科技产业相竞争的中国特色品牌。高新技术产业结构再次提升至优化升级的水平，这使得上海无论是在枢纽能力方面还是产业辐射功能方面对于长三角的作用都尤为突出和强大，其还具有鲜明的为长江流域、长三角乃至全国服务的特征。《意见》中还明确规定了对于组织领导和考核评估的注重。首先应创立完善的组织领导系统。建立上海市张江国家自主创新示范区领导小组，具体负责成立张江国家自主创新示范区的每项任务的部门确定为市各相关部门，而负责园区的创建与发展的任务由各区县政府承担。改变管理方式，创建完善的市区联动体系，领导园内的企事业单位和社会组织参与到高新技术区的建立与管理中。从部际的发展现状以及管理的实际情况来看，当务之急就是要建立和完善有助于园区创新成长的治理方式。基于统一的市领导小组指导的前提下并协商各领导小组的引导，考虑到张江高新区现在“一区多园”的发展状况与其实际的管理现状必须要尽快创建和完善益于园区创新成长的治理模式。其次便是完善考核体制，注重考核评定，强化创建过程绩效考察。创立重要工作监察体制、核心任务开展专报体系，关于张江国家自主创新示范区的创立工作不仅要定时实行考核评定，还要将其纳进各相关部门与区县领导班子的年度绩效评核中。

4. 深圳国家自主创新示范区

2014 年 6 月深圳国家自主创新示范区成立，这是我国第四个国家自主创新示范区。“十八大”后，中国首个以城市为基本单位的国家自主创新示范区便是深圳国家自主创新示范区，这是迄今为止国内创建“一区多园”示范区形式的提升。这种形式更注重产业创新与技术之间的协调合作、都市创新空间上的汇集与节约、生态文明发展与科技的互补交融、政策创新与机制体系改革之间的联系改良、国内世界创新资源的协同整合，创建完备的创新综合生态系统是重点，希望将其创造成为具备全球影响力的国际创新中心。就科技金融方面而言，深圳市于2012年就创立了第一个全国科技金融联盟；深圳发展基本科研的闪光点就是新型研究机构，这些机构不单单是原始创新的佼佼者，更是产业化的前沿。深圳市有115家新型研究机构，由于深圳处于不单单交通便利还具备活跃的创新文化氛围的珠三角，其汇聚创新要素的硬件障碍是可以忽略不计的。就深港科技经济合作方面而言，因其具备靠近香港的地理优势，示范区在这方面具有很可观的前景。与此同时，在发放科研经费方面，主动将传统的模式改革成新的政银企合作的方式。现在深圳已有与国家层面的产业发展重点相匹配的战略性新兴产业这样的产业规划。深圳市主动布局航空航天、生命健康以及海洋产业作为未来产业。

深圳国家自主创新示范区拥有国务院给予科技园区先试先行的各类配套设施与政策的权利。国务院鼓励深圳联系自身实际情况，对创建新型科研机构、改革创新科技金融以及深港科技经济合作新体制等方面主动探究和践行。

5. 长株潭国家自主创新示范区

2015年1月，中国第五个国家自主创新示范区——长株潭自主创新示范区成立。国家创新产业试点将长沙高新区的新材料产业及高品质制造、株洲高新区的航空航天、轨道交通、新能源汽车三大动力产业、湘潭高新区的先进矿山设备产业都纳入其中。

作为创新推动发展的重点动力源，长株潭三市国家高新区散布于湘江周边并互相毗连，其计划总面积达37.6 km^2。2016年，全省33%即三市60%的高新技术产业增值都是由三市国家高新区创造的；全省90%至95%的高新技术产业出售收益和税利都是由三市的591

家高新技术企业完成的。世界工程机械前十强就包括三一重工和中联重科，蓝思科技、拓维信息、长城信息、红太阳光电等企业在国内也很有知名度。中国创新高新技术资源的重点汇集区便是长株潭三市国家高新区及其三市。高品质创业创新人才汇聚，两院院士 54 名，国家“千人计划”专家 20 多名，外籍专家与海归人员 1 000 余名；集聚众多优秀的研发平台，有中南大学、湘潭大学、国防科技大学、湖南大学、湖南师范大学等高等院校 60 余所、1 000 多家省级及以上科研机构；诞生诸多标志性创新成果，中国于 2013 年在智能机器人、超级计算、超级杂交稻等重要技术领域达成重大突破。其中超级杂交稻与超级计算机均出自湖南省长株潭地域。长株潭三市国家高新区拥有国内领先的产学研联合模式。具体来说，首先将产业技术创新按产业技术链为中心组成联盟；再将整个科研院所转化为企改制，推动产业科技化、科技产业化，促使改革后的企业快速发展成各行业的领军企业，成为全省科技创新的首要引擎；在科研院所与高校的基础上建立企业研发中心；通过以技术项目为纽带建立开发实体。截至目前，产业技术创新战略联盟中有 62 个都是以企业为主体的，成员单位有 700 余家。长株潭三市国家高新区拥有很值得期待的发展潜力和前景。最近五年，全国第一的高新技术产品产值增长率连续 3 年都由该省获得，这都得益于长株潭三市国家高新区所带来的年均增速超过 30% 的高科技产业。鼓励进行创新政策的先试先行，就用地指标和土地筹划、产业发展、创设重要项目、税收优惠和财政支持、股权鼓励试点、投融资服务等方面而言，允许长株潭享有先试先行有关优惠政策，协助研究拟定地方配套激励政策。对创新型产业集聚的发展给予相应的支持，首先便是长沙高新区的新材料产业与高品质制造业的发展支持，其次是株洲高新区的航空航天、新能源汽车以及轨道交通三大动力产业的发展，最后是国家创新型产业集聚试点将湘潭高新区领先的矿山设备产业收入其中。国家创新型试点城市将长沙、株洲、湘潭三市全部收入其中体现了对创建长株潭国家创新型城市群的大力支持。

6. 苏南国家自主创新示范区

2014 年 11 月 3 日苏南国家自主创新示范区正式成立，它是由苏州工业园区和南京无锡、昆山苏州、常州、镇江、武进等 8 个高新技术产业开发区共同创建。中国第六个国家自主创新示范区——苏南国家自主创新示范区正式成立，这也是我国第一个以都市群为基本单位的国家自主创新示范区。

苏南国家自主创新示范区跨越了南京、苏州、无锡、镇江、常州 5 个国家创新型试点城市，由 9 个国家高新区构成，这也很好地体现了其不单单是以一个国家高新区或一个城市为主体的特色。2016 年，我国经济总量的 6.4% 都是由占我国土地面积 0.29% 的苏南五市贡献的，其人均地域生产总值达 1.7 万余美元。苏南发展的显著特点是向高品质产业要空间，向技术前沿要动力。苏州工业园于 7 年前建立中科院苏州纳米仿生与纳米技术研究所，现在这个园区已汇集了 200 余家纳米技术企业、5 000 余位高端人才，总产值达 138 余亿元，苏州工业园区是跻身于全球微纳领域具备代表性的八大产业创新区域之一。现如今，苏南地区拥有以南京软件、智能电网，常州智能设备、光伏，无锡集成电路、物联网，镇江战略新材料，苏州生物医药、纳米为特点的产业布局。苏南地区 2016 年的高新技术产业产值有 3 万多亿元，其中总出口的 43.8% 都是高新技术产品贡献的。除此之外，苏南八个国家级高新区的新兴产业产值是整个江苏省总值的 60% 以上，其现有独立研发机构 1 885 家，苏南地区汇集的科技型企业可达 5 万余家，高新技术企业有 5 143 家。

（二）启示

1. 不断进行管理体制创新

1）构造全面的依靠资本这一重要资源的模式

依靠相关股份制企业的股权这一形式来进一步增强国家自主创新示范区和各个产业园区之间的合作。

2）对于策略的规划进一步深化

不断扩大示范区的范围，把双创氛围良好、有较高的高新技术汇聚力的、科技要素较为丰富的地区拉进来，不断增强园区内的科技类型公司孵化与创新所带来的知识溢出效应，不断摸索出新园区解决在老园区存在的土地资源短缺的路径。

3）政府进一步加强为公共事务提供服务

以更好地服务企业和使市场对于资源的配置逐步趋于合理化这一目标来检查相关工作的完成度，并以此为基础树立端正的服务公众的态度；打造一个让社会组织、公众良心、企业和政府之间能够实现更有默契的合作的平台。

4）不断将相关的法制环境进行完善

制定《示范区条例》会有预见性地对制定法律过程中可能出现的问题进行相关探究，并制定相应措施，使得园区内的各项工作的开展能够有法律和规章制度的依据；然后在发展过程中，以以上的工作为前提，后期继续统筹好园区内的整体构建工作。

2. 更加注重对人才特区建设的强度

1）进一步对相关理念进行转变

必须在对待人才的态度上有个大的转变，而对于人才本身更不能有差别对待，高精尖的人才要给予重视，而处在中端甚至低端的人才也要给予一定的重视，海外的优秀人才是关注的重点，而国内的本土人才也要成为我们关注的焦点；处处遵循以人才为促进创新发展的动力，既要给他们提供一个能全力发挥自己才华和能力的舞台，充分为他们的生活提供如做好后勤保障工作的便利。

2）城市地区应发挥更大的作用

城市地区完善更多的工作，能进一步使得商务和生活都趋于便利化、优异化。遵循科学发展观，敬畏自然，把自然和人的良好相处放在首位，与此同时人文也应和科技创新不冲突，推动仅仅具备产业基地功能朝着丰富多元的包含娱乐、社区、生活、交流、工业为一体的多功能基地发展。

3）从多个角度和多个层面推动打造一个完善的住房保障体系

以人才对于房子的相关要求来规定相关措施，如最为有效的就是推进公共租赁房；政府出面公布相关租房价格，培养一批非营利性的社会中介，出台相关法律条款，进一步规范租房的行为，加强监管；对于在国内外各行业内的高水平的创新创业领军人才设置包含实施定向配套的产权房措施在内的专门条款。

4）杜绝以强硬的手段吸引人才

可以从已经在园区内的海外人才入手，发掘他们的人脉潜力，吸引更多的人才加入；充分发挥相关的国外人才在国外工作站的作用，创新拓宽引才渠道，将更多的橄榄枝抛给国外相关领域的人才，增强我们的实力。

5）用好目前所拥有的信息资源

如我国学者张江一直在不断为之努力的春江计划中所拥有的关于高层次人才情况的数据库，到目前为止已经在不断地应用在实际之中，我们可以从中获取需要的信息，也应以自身实践不断投入新的资源进入数据库。

6）加强对人才的有效评估

随着人才的不断增加，对人才的评估变得格外重要，所以，如何有效地对其进行评估是我们需要不断探讨的。首先可以肯定以往仅仅以静态的指标进行评估显然已经失效，更应该在这整个过程中强调以工作单位为基础，让同行对相关职工进行评估，以此为判断人才的依据，再有针对性地进行适时的委以重任；整个过程中可以关注创业投资的成绩，在过程中应给予特殊关注的是获得战略投资、创业投资、天使投资的表现突出的优秀的创业公司。

3. 进一步注重深化关于科技金融体制的改革

1）更进一步加强对于企业内部的梯队结构的完善

能大力冲击到以资本为主体的市场的企业，高新区中是有一定数量的，若是相关的支持能够落实到实处，它们的实力将不容小觑。而此类发展潜力大的公司数量的增多，也会使得这一地区的整体创新水平得以提高。这些企业越是受到器重，不断加强资金的投入，便能促进其更持续的进步。

2）大力开展科技银行业务

大力支持在国家自主创新示范区内的各个商业银行能设立服务于科技工作的支行，凭借园区内科技型中小企业较多的优势，更好地发展科技银行业务。

3）注重全方位体现其价值

能带来经济增长的多少，市场的操作如何，以此来进行衡量，并确定发展方向，不仅要体现在作用的大小上，更要体现在实际经济的增长上，也就是经济和社会上都要体现出其价值。

4）积极进行股权激励试点

积极进行股权激励试点且各个部门大力踊跃的配合与股权激励改革相关的工作，一起对试点各项工作予以支持。具体来说，可以从税收的征收、证券和相关财政细节以及最重要的科技这些项目所属的部门之间的紧密的合作，形成良好的处理问题的沟通合作模式。

4. 进一步将政策实施的保障机制进行完善

1）进一步把组织的领导力进行增强

在各个部级之间建立统一工作团队，增强彼此之间的协作，推动创新；区内领导要经常召开相关事务会议且关于园区基础设施方面形成的相关规定应在一定时效内发布，政府和园区应实现更为合理的沟通协作，推动两者之间的协调更完善，相关的政策在实施过程中遇到问题时，应该增强交流和统筹来使它们得到有效率的处理。

2）来自各方对其的监管和制约是必不可少的

在相关工作的推进过程中，来自各方对其的监管和制约是必不可少的。对相关工作进行实施执行的应该是示范区内的统筹团队，之后应评估相关的政策施行效果；并把社会监管机制中不完善的地方克服掉，大力支持社会组织、公众、企业积极对政策实施进行监管和反应。

第四章 天津国家自主创新示范区发展现状分析

第一节 天津国家自主创新示范区概述

一、国家自主创新示范区在天津的创建过程

2009 年的 3 月在北京中关村我国首个国家自主创新示范区率先落成，同年的 12 月在武汉的东湖建成了第二个。之后，上海张江也紧紧跟随，在 2011 年的 3 月成立示范区。随后作为中国南部发展潜力较大的深圳在 2014 年设立了一个把市作为基础的示范区。同一年中的 10 月份，苏南紧随，也设立了示范区，它的独特之处在于：是以区域来推动示范区的发展，不同于之前的模式，而是以国家批准的创新类型中试点的镇江、常州、南京、无锡、苏州这些城市共同搭建的示范区。随后，2014 年 12 月 3 日，天津也一同成为中国国家自主创新示范区队伍的一员，一同被批准的还有长株潭高新区。

在这一申报过程中，天津高新区的工作重点始终聚焦在利用创新来驱动内生增长，在此重点的指导下，成功取得了很多在天津市乃至全国都算得上第一的成绩。2013 年底，专攻科技的这一类型的中型和小型公司在园区内的数量达到 6 000 多家，在全市各区县中都遥遥领先；523 家专门研究高新技能的各种类型的公司在全市所有同类型的公司中比率为 37%；12 020 件有效的并得到正规程序认可的专利占全市同类型的比率为 30%。其中在专利上拥有绝对领先地位的是万人发明，甚至在所有高新区内都是首屈一指的，其对于创新和知识的培育和引导产生的积极作用也在前三之内。在建成高新区的 20 多年中，天津市凭借不断地努力实现了很多目标，首先是持之以恒的把创新相关要素汇聚到一起；然后是持之以恒地培养出能进行创造创新的以企业为代表的主体；最后就是持之以恒地改善环境，这里的环境尤其是指为高新区鼓励创新创业所营造的制度和政策环境，比如提出“创新创业通票”这一在全国都为罕见的措施，使得区内的创新氛围越来越浓厚。

天津是在 2014 年的 12 月得到了国务院相关部门的同意并开始着手筹备示范区的相关工作的。天津市立即采取了一系列的“新政”措施来激发区内的创新动力，使得高新区逐渐迈向自主产权产生的数量较多、创新相关要素愈加集聚、并由此带来经济巨大进步的地区。天津为了把高新区建设成一个典型的支点，横贯于北京和天津之间，滨海新区在 2015 年的 2 月 26 日宣布打造示范区，包含了“一区二十一园”的如此大范围的示范区，总用地面积达到 244.67 km^2，重点区域在天津滨海高新技术产业开发区且集合了华苑、北辰、南开、武清和塘沽海洋科技园在内的相关开发地区，占地面积共有 55.24 km^2；另外重点区中还有一个延伸地区，是被称为未来科技城的地区，包含了

31个片区在内的21个分园，总占地面积达到189.43 km^2，在这些面积里分为三个部分：首先是市内六区的用地面积为9.15 km^2；然后是包括开发区、空港、东疆保税区、中新生态城、中心商务区、临港经济区各个区域集合在一起的滨海新区，占地达46.03 km^2；最后是其他区县的不在以上各个分类中的分园区，统计占地134.25 km^2。遵循市区与高新技术相关的政策执行措施可以知道这些片区都是市级高新区，且作为在中国北方崛起的第二大具有天津特色的国家自主创新示范区，因此，大力发展建设这一区域也是助力于天津市推动京津冀协同发展的一项重要的工作。

二、天津国家自主创新示范区创建背景

（一）天津国家自主创新示范区设立过程中面对的形势

自从21世纪，中国的经济社会尤其是科技创新的国际环境随着全球金融危机的爆发出现了很大的变化，新形势、新挑战和新机遇也出现在天津市的创新发展道路上。国际环境上，新一波的竞争创新热潮已经来临，现在正处于发展、变革和调整都在大步前进的世界局势中，科技发展迅速，产业革命也即将迎来新的突破，全世界的经济局势中创新对于竞争越来越重要。现在的产业努力的方向是生产出更具有创新力的纳米技术、新材料、生物和信息相关的以便能更进一步实现环保、低碳和更加智能的目标。创新能力的作用在受到金融危机深深影响的世界经济格局中越来越重要，而创新能力也深深地影响着各国的综合国力竞争。经济危机后往往是进行创新的绝佳时机，2008年历经国际金融危机之后，各国为了恢复本国经济，创造出新的经济引擎点，也是致力于科技创新，其中不吝各种手段来吸引各种创新因素，在全球高新技术产业和科技创新中占有领先地位的就有以下各个

知名的园区，如在印度的班加罗尔、在法国的索菲亚、在美国的硅谷、在英国的剑桥等。与此同时，处在这一关键转型时期的我国更应该注重科技创新带来的实现经济发展的力量，从依靠工业向以信息为主导的转变，抓住“中国制造 2025”“互联网 +”这两个绝佳的机会来进一步促进信息经济的快速到来，推动经济的增长路径的转变，同时进一步推进市场体系的改进，宏观调控更加全面，在开放型经济的打造过程中应该把创新放在至关重要的地位上是在国家的《关于全面深化改革若干重大问题的决定》中提及的，也是我们在日后的发展中应该得到重视的。培养新兴产业，凭借高新区的这一基地的基础作用，同时在当下创新这一大趋势的带动下，把区内表现优良的良好地区重新批准允许其建设示范区，让这些区域先行先试、摸索实验。从 2009 年北京中关村的建成直到现在，中国一共批准建成了 15 个，且在所有的区中，涵盖的选址类型多种多样，有独立的、有多个一起的、有整个城市甚至有一个区域，这些无一不深刻地展示了示范区由点发展到面的动态经过以及示范区对整个区域经济发展的带动作用。

中国高新技术产业和创新的重要基地——天津国家自主创新示范区，不仅担当着历史任务，在未来，需要加快创新速度，增强对创新的引导作用。天津国家自主创新示范区担负着对天津市乃至全国推动创新不断发展的使命，所以必须在摸索着进行创新的经过中起到“先行兵”的作用，不断积累摸索出适合我国的、符合我国国情的关于自主创新的模式，更需要把发展创新模式、紧密结合科技教育和经济、增强创新对经济发展的推动放在首位，而这些方面都将会对进一步发扬科学发展观有重要的指导作用；天津国家自主创新示范区应该在自主创新政策、体制、机制方面发挥先试作用，并对出现的问题施以有效的解决方法，进一步缓解创新能力提高过程中出现的发展瓶颈的限制，形成优良的创新创造的氛围来进一步对以创新为主的国家发挥促进的作用；以此示范区为出发点，在各个部门乃至中央和地方之间在处理相关事宜时加强统筹交流，探究能进一步把国家的自主创新政策和措施落到实处的方法，这些都将会对推进创新发展，激起在全社会范围内的创新活力和动力有重要的影响。到现在为止，天津国家自主创新示范区的巨大进步表现显著，但同时也面临着挑战，面对建设过程中的困难，天津国家自主创新示范区应继续解放思想，推进改革创新的进程和深度，消除由于体制机制的原因对创新能力进一步提高造成的制约，进一步把国内乃至国际上的创新资源汇聚在一起，为企业提供不断增强自身规模、实力的有利发展环境，再次激发起创业激情，为能够顺利创造创新型的国家发挥自己的助推作用。

（二）天津国家自主创新示范区设立的战略需求

1. 中国制造转型升级的需求

作为世界 GDP 总量排名第二的国家，其中最关键的就是中国制造所发挥的作用，然而中国制造的声望虽然名扬海外，可是在新材料技术、信息技术、装备制造技术等这些高水平技术的发展迟缓使得我国在制造业方面的重要能力无法得到有效的提高。中国制造应该是在能力方面领先的代言，不能只是在世界上众多工厂的平均水平，更不能只是受低廉的要素来驱使的，所以，在当前新的产业革命即将要展开的重要时期，增强创新、科技、信息化和工业化的发展应是当务之急，推动国内与制造相关的行业向着更加智能化、更加绿色化、更加服务化的道路前进，以便在未来的全球制造业格局中占据重要的位置。

2. 创新因素对发展进行驱动战略的需求

受生产要素、效率以及科技的影响将会推动着这一地区一步步先后朝着受要素、效率、创新来决定经济进步的步骤发展。正位于这种阶段转变的十分重要时刻的我国，自主品牌的创设、核心技术的所有都会影响到转型是否成功。自从要强化创新对经济的推动作用在党的“十八大”正式提出以来，要站在全球的角度来策划和加强创新发展，与经济的结合度要进一步提高；在构建关于技术革新的系统中，应该注重发挥以企业为主力、市场的导向作用，同时遵循把产学研三部分结合的原则；使新的技术和产品工艺的创新应用到产品本身上的速度进一步提升来进一步深化创新商业发展方式。

3. 新一轮开放战略的需求

在我国改革开放的浪潮中紧密地把握住这一机会的长江和珠江三角一举在我国经济实力的排名中位居领先地位。在珠三角、长三角之后的环渤海地区作为经济增长的第三极，它的发展程度也将会对我国现代化进程造成一定的影响。现在开放仍然会对经济发展产生红利，而开放对改革的带动作用还能进一步提升。制造业和服务业经历过全球化的洗礼以及随着经济全球化的进一步深入，现在已是创新迈进全球化的时代，各种创新要素在全球范围内的不断积累，各个国家也在尽力吸引高端创新资源。为更好地与全世界内更多的创新要素相连接，以及适应经济全球化出现的新形势，因此，接下来我国新的开放策略应该踊跃地注重加强各个区域之间的科技合作和交流，以便更好地发挥开放带来的利好。

三、天津国家自主创新示范区设立的基础

在国家自主创新示范区建设过程中我们必须认真研究自身所拥有的基础条件，不能简单地把别人的经验直接拿过来用，这也是打造成功园区时要求的区域禀赋。为了更好地实施自主创新、建设创新型国家而采取的一项重要措施，自主创新示范区，先选取一定区域开展政

策模式以及机制的摸索，在整个国家发扬示范效应和领导作用，来更好地把科学和创新联系到一起。而天津建设国家自主创新示范区，更要把天津市的地方特色、高新区的优势紧密地与国家战略需要结合在一起。天津在改革开放的过程中，一直以科教兴国、人才强国这些政策为指引，站在创新和发展的最前沿，不懈地推动体制机制的创新、高技术行业的进步，致力于推进天津市的经济发展以及为中国整体的科技水平的进步贡献一份力量，为在建设国家自主创新示范区中利用自己已经拥有的优势来起到好的模范带动作用。

（一）工业基础雄厚、产业门类齐全

天津在2017年的工业较上年增长1.0%，创造了7 590.36亿元的增加值。天津是拥有包括航空航天、石油化工、装备制造和电子信息等八个重要产业、十二个大型的产品生产基地的全面的产业体系的以工业为主的城市。天津还拥有列为国家专项的产业，如“核高基”专项下的天津曙光、中星微电子、神州通用。另外在科研成果应用到生产上的成绩也很显著，如神通大型关系数据库、锂电子动力电池、超导传输等技术。因此，作为拥有雄厚的工业基础的老工业城市以及新时代制造业的关键基地，天津市的产业创新有很强烈的需求。

（二）滨海新区在开发开放过程中取得的标志性突破

滨海新区的整体经济实力随着进入国家的发展，总体战略取得了显著的加强，不仅是基础设施的全面化且高端产业的发展体系有了一定的根基，口岸的服务作用的增强，还有取得大进展的行政管理体制上的改革。高端优质项目接踵而至，如一系列的关于大造船、大乙烯、大机车、大飞机、大炼油、大火箭的大型项目。由部分到整体、有点及面的整体开放开发局面已在滨海新区形成。借助滨海新区发展的带动力使得天津市整体的发展水平在开放开发方面已取得大的突破，进

而在我国众多竞争力强、开放程度高、发展活力旺盛地区中占据一席之位。而且凭借着与高新技术相关的产业实力强以及越来越多的对科技的投入，这些都使以科技为主要动力的中型小型企业的实力得到提升，在未来政策以及形势的大力推动下这一区域还会获得更强劲的发展。

（三）京津冀区域之间的协同发展取得新的进展

京津冀三地之间的协同发展程度不断加深将为示范区的建设集聚更多的有利要素，我国 2/3 以上的两院院士、1/3 的国家重点实验室和工程中心、1/4 以上的著名高校汇聚这一区域，这些都将成为在之后的建设发展过程中使要素完备的重要保障。且天津在科研经费支出、人员、自主创新和科技研发上占据很大的优势。天津市根据国家战略以及紧扣中央对天津提出的要实现的作用及未来的城市定位，发布实施推进“一基地三区”建设的相关工作步骤，发挥自身非首都功能工作中的作用，分别与河北省、北京市签下了“1+4”合作协议、滨海—天津科技园合作协议，更承担了对承德市的扶植任务，紧密地将京津冀联系在一起。还从中引进了投资数目达 1 994.09 亿元的 2 701 个项目，在全天津市实际利用内资的总数中占到将近一半的比例达 44%。

将工作焦点放在比较重要的领域。对于京津冀整体的产业结构的调整工作设立 100 亿元的资金支持来推动这一区域内的产业调整与升级，相继签订了包括中国能建电力工程技术、中船重工融资租赁在内的一系列的项目。为促进区域内的交通更便捷方面，不仅在天津段相继修建了京秦高速、京唐铁路，而且港口之间的合作日益加深，加之铁路的辅助作用，在京津冀内的第一个海铁联合运输集装箱就在天津和唐山成立的码头公司的经营下正式通车。随着这一区域内的通关手续朝着便利化方向改革的进一步加深，在北京和天津实现离境退还税费使得从北京、河北这两个地区的进出口货物占到天津总的口岸进出口总量的 32.5%。还在生态环保方面联合防控，一同按照重污染天气预警准则进行统筹治理，并取得了连续三年的 PM2.5 污染都在下降的显著成果。

（四）对于科技型中小型企业的促进作用显著

天津注重创新尤其是科技型的中型小型企业的进步对经济发展、对深化科技创新与经济融合的促进作用，成效十分显著。且到 2016 年底为止，在 14 737 家新增加的科技型中小企业中有 456 家现在的规模已经超过亿元，这些都说明在科技类型的中小企业的发展上，天津是成功的且对全国都有一定的试点作用，而且科技部对天津的这项工作是支持的。

（五）滨海高新区发展成为亮点

1. 积极对战略性新兴产业进行培育和发展

拥有坚实的产业发展基础的滨海高新区，同时也有亟待解决的结构方面的问题，但这些鼎力支持的战略性新兴产业的大力增加是当前能处理这个难题的关键点。可以通过鼓励原来的企业研发出新的产品，也可以通过引进一些新的像风电、海工、储能等，持续不断地在信息、软件与文化等需要高技术的行业以及包含高端装备、新能源、电子信息、生物医药在内的战略性新兴产业上的进步，也使得产业间的纵横发展态势愈加显著。新能源、现代信息技术、新能源汽车、智能装备制造这四大高端的产业链条的逐步建立势必会搭建高效的平台为相关的科技成果实际应用。占到全天津市比重 60% 的是光伏、风电、储能等新能源领域，并且还把歌美飒、维斯塔斯等多个世界级的公司带进中国；涵盖了包括飞腾 CPU、曙光计算机的现代信息领域内进入 BPO 软件园的企业占天津市比例高达 70%；随着力神电池、华泰汽车的不断出现也使得新能源汽车的相关产业配套设施进一步提升；而包含ESI机器人、数字液压在内的智能装备行业对于上下游相关的行业的带动作用也很明显。

2. 领先推行科技型中小企业的成长计划

科技型企业的增多及汇集带来了极强的动力和促进作用给示范区。首先在2008年就在全天津市发展科技型中小企业的滨海高新区不仅推出了促进科技型中型和小型企业的发展成长策略，更是投入4.55亿元来鼓励其发展，不仅强烈地促进了高科技企业的蓬勃发展，还塑造了比较成熟的科技孵化系统，使得以企业为代表的创新主体的创新活力持续提高。

培育科技“小巨人”的地区在全天津市的占比中，滨海高新区首屈一指，数量为1 744家，占比10.1%，名列全市第一。在企业上出现了一批以天地伟业、赛象科技、力神电池为代表的行业内创新的领头企业，在创新成果上，更是研发出了子午线轮胎成套设备、高清智能分析交通监控系统、锂离子电池隔膜等在整个所属行业内都属于高端的产品，由此可见，天津市的科技型中型和小型企业发展态势良好，有在全市占比36%的数量达604家的国家级高新技术公司，也有依靠国家创新孵化器一步步建立的企业有3 884个。

3. 不断增强企业在创新过程中推进产业创新的主体地位

进一步增强以企业这一载体为主体对相关产业的推动作用，比如曾经获得国家科技进步一等奖的赛象公司的“巨型工程子午线轮胎成套生产技术与设备开发”；由水泥环保节能国家工程研究中心、中海油化工设计院、铁三院一起研发进行制造，塑造了有特色的在产业方面的创新形式，以及像十八所一样创新出“军民融合”的形式。

4. 接收由北京转化的科技创新成果

中央企业、中国航天科技集团、中科院、中国军事医学科学院、中海油等国家级科研院所建设了研发生产特种飞行器基地、中科电子的信息产业园、中海油的新能源产业基地、军科院天津分院、超大型航天器研发制造基地以及曙光计算机、中科遥感、中科蓝鲸等一系列企业都在天津市取得了很大的进步，使得滨海高新区逐步演变成接收北京科技研发成果并将其在产业化应用最多的地区。

5. 靠“一区五园”辐射带动而使未来科技城朝着高端方向发展

各区都拥有自身的特殊点，如以海洋经济尤为突出的塘沽，以科技教育资源最出色的南开区，以老工业基地著称的北辰区，还有以高新区模式为主导的华苑核心区，都能对所在区县的创新以及以高技术为主的产品的研发具有很大的推动力，尤其是未来科技城所追寻的是更高端的定位，更是能推动全天津市的创新发展以及产业调整与升级。如以武清区为例，包含以下三个园区：主导新材料、生物技术的天津京津科技谷高新区和旨在发展新型装备制造和信息技术的京滨高新区以及主导新一代信息技术、生物医药的武清科技园。

6. 用好先行先试政策助推科技金融又快又好发展

伴随着天津在金融领域综合及配套改革的实施，高新区也积极利用这次机会，使得300多家金融和相关的非银行的金融机构落根在此，在这里有一半的股权投资类型的基金，还有12家的天使投资基金。且在利用知识产权进行质押融资方面的实践领先全国，仍在踊跃对金融商品的种类和票据业务进行不断开拓。

从上述论述，可以看出国家自主创新示范区落地天津不仅有利于极大地推动天津市新型产业和高科技产业的发展以及带动产业升级并且在全国发挥领先引领的作用；还通过进一步加深开放来鼓励创新，有效地统筹海内外的创新要素，使得环渤海迎来新的发展机遇；并且不断坚持不懈地对科技型的中小企业进行培养，有效地将科技的应用率不断提高，实现其与经济的显著融合，能为全国其他地区用创新推动经济增长起到先行先试的作用。

7. 在多个领域的先行措施进一步推动示范区的建设

既然是利用创新来推动经济发展的先行兵，通过不断地实践来摸索出有效的经验是身为自主创新示范区最重要的任务。而在滨海高新区发布与制度改革相关的方法都能将优异的政策支持力、服务力和配套的环境及相关的基础设施呈现给所有的创新创业者们。作为试点地区的滨海实施国家关于自主创新示范区“ 6+4 ”的相关策略方法，还依据自身特点发布了“津领七条”和 10 条措施来推动示范区的发展，还施行通票制度，这些无疑都会为处在创业开端的公司带来十足的支持和活力。

第二节　天津国家自主创新示范区建设取得的成效

天津自从是第七个迈入国家自主创新示范区行列之后，就一直遵循着国务院的相关批复要求和对科技部的整体布局工作原则，不断将有特色的行业、领军项目和有品牌知名度的公司聚集在一起，全面打造出一批高端产业汇集的局面，也为国家自主创新示范区着力打造了一张特色的名片，不断实践摸索天津自身创新创业适用的形式，研发出了通票制度，打造了一个面向整个天津的积极支持创新创业的有力平台，深化摸索有天津特色的原创政策制度，不断致力于贯彻国家相关战略，更是为天津市国家自主创新示范区的整体创新实力的进一步提升积蓄力量。

1. 作为示范区核心区的滨海高新区建设迈出新步伐

滨海高新区将自身的引领带头作用进行全面发挥，不仅有关于新能源汽车、现代服务、光热、信息技术以及智能装备制造等相关行业的进步，而且还积极对新的策略中包含的《创新创业通票管理办法》和“津领七条”不断的实施执行。就成效来看，已有超过200多家的企业受到了税前扣掉职工教育经费、扣掉研发费用的加计企业的政策优惠以及符合“企业转增股本、股权奖励个人所得税分期缴纳”等支持；还积极寻求与海外的创新交流和合作。鼓励国外的企业入驻中国，不断打造出中美、中日的技术交流和转移中心以及德国中小企业创新中心；推动科技金融平台的打造，更好地促进科技类型公司实力的增强，在成功打造和建成了“百家机构金融服务中心”“新三板同盟会”“磐霖基金和卡氏基金”的基础上，全力满足这些中小企业在金融方面的需求。

2. 各个分园爆发出极大的创新力

首先是体现在创新体系构建的相关方面。随着红桥分园青创园、西青分园中北镇慧创空间、津南分园北闸口创客工场这些中创区域的不断出现，且靠近港口的各个分园踊跃为创业者提供的创新基地，已经成功打造天津中际装备制造海上应急卸载技术研究中心、天津大学先进燃料与化学推进剂教育部重点实验室这些在内的6个国家级的研究机构。

第二个方面是体现在主导产业的发展上。各个园区分别有各自的重点发展方向，如在津南分园就打造了以南开大学石墨烯主导的新能源新材料、以中国华录为主导的新型信息技术产业和以清华大学集成电路抛光机为主导的海河高端装备研究等基地；在北辰分园，则聚焦于以沃尔玛、天士力、采埃孚、南车等有行业代表性企业为主体的有特色的行业；在东丽分园，以医疗器械、主要零部件、汽车研发和检验检测为关注点，并且致力于与科技性相关的服务业和高端装备产业的改进，并以实力把德国TUV检验检测、北京易康泰科汽车电控系统等19个公司纳入园内。

第三个方面是推动产学研三个方面之间的联系。在西青分园的北京理工大学、天津理工大学、天津工业大学等在内的10多所高校与所属地区园区积极进行科研成果和产品产业的对接，各个校区之间共同打造了科创广场作为支持的基地，已经取得了将60多个科研成果向项目转变的成绩。坐落在河西陈塘科技商务区的南京理工大学北方研究院，全面展现其在焊接机器人、高功率激光器、金属材料、3D打印等方面的先进之处，将极大地推动河西分园的产业和科技人才的全面提高。坐拥中煤天津设计工程有限责任公司、中铁隧道勘测设计院、天津城建设计院的红桥分园也将致力于发掘出与检测咨询、研发设计、创新创业孵化等技术领域相关的企业、一个科技与服务的汇集区。

第四个方面是在推进相关的基础设施的建造。河北分园是汇集了招商服务、科技创新、展示体验和新一代创新孵化在一起的，总面积达1.3万m^2的园区，2015年7月成为天津市第一家在线加盟O’PARK园区的成员。河东分园则致力于朝着电力工程技术研发孵化基地、认证测试基地、国内领先的智能电气产业孵化的方向发展，在园区内建造了中国能建天津电力工程技术自主创新产业园、智能电气创新产业园。宁河分园则主要集中在金融领域，如与46家金融机构搭建了合作平台，推动了“宁信通”这一创新型的合作贷款形式。蓟州分园金融赞助的已有28家公司。蓟州分园则从基础设施入手，共投入5.22亿元集中在“九通一平”这一政策的相关基础设施建设，打造了涵盖企业员工公寓、企业结算中心、商业综合体在一起的园区内工作、生活都适宜的良好环境。

最后是体现在服务方面的创新改善。为更好地给双创特区提供服务，中心商务区发布了人才落户、房租补贴、资金奖励、融资担保等相关的政策，从各个方面帮助企业更好地发展、留住人才，形成了“企业动嘴、政府跑腿”的这一具有鲜明特点的服务类型；空港经济区则朝着致力于打造服务于知识产权的平台的方向；东疆港分园为了帮助申请到知识产权打开绿色通道，不断地奔走于相关的知识产权政府部门；生态城分园则创建了自身特有的“版权 +”和“国家级文创类众创空间”这一特殊的基础；胜利召开第二届泰达科技创业大赛的开发区分园，注重品牌意识，在很大程度上对鼓励双创有积极引导作用。

3. 创新改革实现新突破

紧紧抓住天津自由贸易试验区的建设、京津冀一体化等五大发展机会，踊跃借助国家鼎力推进创新改革试验区来进一步全面建设天津市创新对经济的驱动制度。

加快探索双自联动的发展方式以及不断强化体制改革协同的进程。摸索出适用于自由贸易试验区和国家自主创新示范区这两者之间的互相联系、互为动力的模式，依据开放和改革的互相辅助作用和共同起到的对创新的促进作用，以及创新对于经济发展的推动作用，制定出适用于天津地区的顶层的实施计划。摸索出适合两个区域的促进彼此发展的形式，支持这两个区域内的企业能互相交换资源，互通有无；企业可以依据“在园区内进行注册、在园区外区外运营”这一政策，在自由贸易试验区内登记注册，也可以在高新示范区内展开运转，同时享受来自两个园区的优惠和服务。企业在自由贸易试验区内建立分支机构的举措同样也是支持的，这样的自由能密切与国际性的金融机构和国际性的大企业之间的联系，使得自由贸易试验区和国家自主创新示范区所发挥的作用互通有无、相互促进，共同发展。

对政府资源的合理配置过程进行再创造以及加快政府服务体制改

革。对这一过程中的再创造工作，结合“互联网＋政府服务”，紧紧围绕初创服务、知识产权、高企认定、新三板挂牌等与之相关的，逐步推动“创新创业通票”这一模式的不断完善，进一步解决了围绕两区的政策实施和筹集资金困难的问题，真正地实现拿一张通票就能实现创业这一目标。针对处在初创期的小公司在起步发展道路上的问题，制定专门的有针对性的服务项目，并及时向整个天津市宣传普及，使得这些公司能在政府的一系列系统和普惠的政策中享受到优惠。

针对服务制度和政府的管理方面进行的改革，推行风控制度，特别是在和对产业支持和重要的政府财政资金的配置上，有效防控风险，并可以借助智库，助力于政府的决策相关事宜。在对利益相关者回避和信息安全进行确保的基础上，以及公共管理和参与的充分发挥，让政府的区域月度例会和政府办公会议最大可能地对公众以及企业开放公开。研究出确切的“负面清单”，发挥政府在资源配置中的作用，尤其是身在功能区的相关政府更应释放自身的能量。

打造政策相互作用的新模式并致力于京津冀一体的进一步深入发展。遵循着一体化的发展要求，实现滨海科技园的发展，增强天津与示范区的进一步融合，摸索这两个区域的政策模式，发布相关的关于科技和产业创新的各自的需求、重点和特色的政策使得进一步做到两个区域之间的互补、互相促进、合作共赢。在激励股改上市、跨境并购、技术联盟等与企业相关的“津领七条”的相关政策，不断深化企业在打造人才系统、在双区域相互推动这些方面起到的“先行兵”作用，实现不断为地方谋求发展，也是国家实验制度的目标。

通过跨越国境并购的投资基金，对企业的国外科研人员、技术中心等重要要素的跨越国境的企业并购进行资金赞助，激励各类企业参与到国际上的创新。

对于不活跃的交易、较大融资的难度、转化率不高的知识产权这些固有的问题，尽力摸索建设出制度，针对性地制定出对专利进行保险、质押知识产权进行融资、投资与融资的方案，打造从研发、实验再到最后投入生产的全面融资形式，推动这些成果的资本和产业的进一步深入。

4. 加快业态与模式创新，使“产业 + 双创”更加定型

根据“中国制造 2025”的总体方针，对照天津产业未来发展趋势，朝着促进天津发展以及带动周边地区发展的目标，坚持走产业窄化道路，不一味追求产业数量的增长，将特色产业做强做大，才能使产业、创新、创业融合的更加完美。为加快业态与模式创新，提高产业的国际竞争力，天津通过密切关注国内外前沿产业动向，加大在一些新兴产业上的投资，引进重大产业项目，例如，新能源汽车、新一代信息技术等方面，这些项目达产后预计规模达 3 000 亿元，将会进一步推进天津产业的发展与创新。天津国家自主创新示范区，主要通过五大平台实现产业规模的快速增长，分别是科技金融平台、产业信息交流与对接平台、创新创业辅导平台、国际产业创新交流平台以及产业转型平台，同时也为创新、创业打下了坚实的资源基础，形成了具有天津特色的产业、创新、创业相互协同、相互促进的发展模式。天津国家自主创新示范区 2015 年经济总量在天津全市排名已快速上升至第三位。已展开培育和引进独角兽企业的相关工作，为顺利实施天津市科技小巨人升级版计划领路引航；天津已建立 30 余个众创空间，并在此基础上，加快探索建设新型众创空间，推进众创、众筹、众包及虚拟双创社区等新模式的发展。

天津国家自主创新示范区“一区五园”发展规模不断扩大，仅在 2016 年第二季度末企业总收益达到 4 591 亿元。示范区企业数量不断飙升，2017 年上半年，科技型中小企业达到 1.3 万家，科技小巨人企

业占全市总体企业数量的15%，国家高新技术企业占33%，新三板挂牌企业达到50%；大量引进国外高端技术人才、大力培育更多天津市“千人计划”优秀人才，共计354人。可见，天津国家自主创新示范区在综合实力、创新能力、区域环境、国际化程度等方面已取得了显著性的成果，并且在天津市发展中分量较大，未来依托京津冀协同发展，天津国家自主创新示范区将带来更高的收入。

5. 营造创新发展总体环境，打造创新创业生态圈

主要从以下六点优化创新发展总体环境：

（1）政策上，努力完善政策扶持体系，加大政府扶持力度及广度，为创新创业提供安全保障。

（2）服务上，进一步革新政府服务体制，使得企业得到公平合理的资源配置。

（3）产业上，通过借助重大创新项目招商来整合产业链，吸引国外投资及高科技项目，努力构建天使投资、银行、创业投资、上市的全链条科技金融平台，很好的连通上下游。

（4）基础上，深入探索PPP等新模式并推广，提供高效、便利、舒适的总体氛围。

（5）配套上，遵循“双引擎”的策略与要求，秉承尽可能发挥政府作用的理念，提供系统、精致、适用的公共产品与服务；新技术、新力量、新事物、新平台、新制度组成“五新”生态链，每一环都是企业发展必不可少的要素。利用公共服务建立起高新技术企业、科技型中小企业、科技小巨人共同发展的良好环境。

（6）国际上，注重开放性，注重国与国之间科学技术的交流，天津市在日本、韩国、美国等地建立了交流平台，并在德国、以色列等地建立合作示范区，促进国家之间重大项目的开展，聚集全球智慧、

科技、思想、人才，共同促进天津国家自主创新示范区的发展壮大。

6. 战略性新兴产业发展成效显著

2016 年，在国家供给侧改革的推动下，天津市抓住这一战略机遇期，引进先进海外新兴产业，结合自己本地特色产业，形成新的战略性新兴产业。这种新兴产业迅速发展，势头正猛，进一步促进了天津市乃至全国的经济发展。2016 年，天津市战略新兴产业产值达到 400.8 亿元，同比增长 13.3%。航空航天、生物医药、汽车产业三项新兴产业产值占天津市工业总产值的 1/2 以上，分别增长 19.9%、13.8%、12.7%，成为天津工业的重要支撑力量。2017 年，天津战略性新兴产业增加值增长 3.9%，快于全市规模以上工业 1.6 个百分点。

第三节 天津国家自主创新示范区建设存在的主要问题

天津国家自主创新示范区自 2015 年获批建设以来虽取得一些成绩，但是和北京中关村、上海张江、深圳城中村三个国家自主创新示范区相比，天津国家自主创新示范区的不足尤为明显，主要表现在创新基础和资源的匮乏、产业体系相对滞后、创新体系建设不够完善、缺乏先进的现代企业加速器、创新主体数量质量差距较大、整体创新环境不够完善，还待进一步的改进和提升。

一、自主创新资源和基础较弱

天津国家自主创新示范区自主创新起步较迟，在自主创新能力方面较之北京中关村、上海张江和深圳城中村 3 个示范区存在一定的差距，基础较弱。

首先，产业体系滞后问题尤为明显。现代服务业、金融业两大方面发展不足，严重制约着天津市创新体系的改革与发展。生产性服务业与金融业是当代社会两大核心产业，第一产业和第二产业所占比重正在逐步缩减，各国各地区都必须要重视第三产业的发展，建立起以第三产业为主体的产业体系，促进服务业、金融业与其他产业协同发展。

其次，天津自主创新示范区研发投入和产出不足问题一直存在。在具有创新型和重大关键技术突破的研究上还需加大资金投入、人员支持、设备完善。天津市虽然具有较多的支柱产业，但没有形成天津特色的创新产业，也缺乏相应的集群试点作为参考，这一方面的投入也需加强。

再次，天津市高等学校资源相对欠缺，与北京、上海、深圳等地相比存在一定的差距，天津市仅两所985院校，211院校也只有三所。创新离不开高等院校、科研院所和高科技创新人才等要素。例如，美国硅谷之所以发展迅速，成为全球第一位的创新基地，离不开硅谷周围的高等院校所带来的资源，硅谷60%以上的企业由斯坦福大学的教师和学生创办，总数超过1 200家。天津示范区的高等院所数量相比其他示范区较少，进而在科技人才、科研成果方面存在不足，人才存在流失现象。

二、缺乏现代企业加速器

尽管每年都有大量的企业孵化成果，但是据跟踪调查，能够在5年内继续生存的企业数量也仅有20%。现代企业加速器的地位显得至关重要，通过帮助建立政府、企业、银行、高等研究院所等之间的联系，形成空间价值链、产业价值链合二为一的加速器网络，能够做到集中、整合示范区资源，为入驻企业提供更好的外部环境。丹麦的“瞪羚成长计划”、爱尔兰的商业加速器项目、英国的加速伙伴网络都取得了显著效果。鉴于此，天津国家自主创新示范区也应在其他国际其他地区的加速器基础上总结出适合自身的一系列经验，针对不同的新兴企业，提供差异化的服务，很大程度上增加了入驻企业的存活率与活跃度。目前，天津国家自主创新示范区企业加速器的功能还有待进一步改造和完善。

三、创业投资不发达

天津国家自主创新示范区在创业投资方面存在许多不足，创业投资机构无论在数量和实力上相比其他地区都比较欠缺，中国前50家的创业投资机构分布在北京、上海、深圳等地的多达40多家。一些海外的创投机构，如银软、红杉资本等也基本都在北上广深等地进行投资。天津国家自主创新示范区的融资能力、产业投资基金等都无法与北京、上海、深圳等地相比。

尽管天津国家自主创新示范区获得的投资较少，少之又少的是这些投资往往投向了已经成熟颇有成效的企业，真正最需要资金的创新期和高速成长期的企业依旧面临着投资不足问题。这种创业投资和企业发展需求的错位问题也是天津国家自主创新示范区需要关注并尽快调节的问题。根据天津国家自主创新示范区的调查数据显示，天津有近万家拥有创新商业模式的企业存在项目早期面临资金短缺的问题，每年能真正拿到投资的企业少之又少。

四、产学研合作存在问题

（一）政府引导作用有待进一步加强

企业、科研院所、高等院校之间的自发性合作较少，天津市政府需加强引导作用，建立专门的机构对三者之间的合作进行组织安排，安排高校学子到企业参观学习、实践实习；企业到院校进行演讲说明等。政府需进一步扶持，为企业注入新的力量，为社会培育新的人才。

（二）产学研合作的动力不足

目前国家对高校及科研院所的评价主要以论文为主，评价体系缺乏创新，评价形式单一，对于科研成果能否被投入生产的要求较低，这使得高校及研究院所与企业合作的意愿不强，并且，缺少科研经费，研发投入风险性高等问题也影响了三者之间的合作。

中小企业虽有创新动力但实力不足，大企业面临的企业激励和考核机制的缺陷都使得产学研合作的几率大大下降。

（三）利益共享机制有待完善

（1）高校、研究院所和企业之间的利益共享机制不够完善，导致合作无法进行。

（2）各方之间信任机制缺失，科研机构因专利等问题不愿提供科技成果，企业也不愿透露自身的真实需求，合作进度缓慢。

（四）科技中介力量薄弱且配套服务能力不足

能够提供成果评估、可行性分析、法律咨询、交易组织等一系列服务的中介力量相对薄弱，配套服务跟不上，也无法将高校和研究院所的科研成果有效地整合并运用到企业中，不能切实为企业提供发展建议。

（五）公共条件平台建设需要进一步引导

天津虽有一些产学研合作的公共条件平台，但是大部分都存在于单位内部，无法有效地为产学研合作服务，平台利用率不高。

五、企业自主创新动力不足

由于天津市企业的多元化也呈现出复杂性、多元性，各个企业的技术创新追求不尽相同，但是共同特点是自主创新动力不足。由于创新所需的科研投入较高、往往回报率较低，存在较高的风险，企业往往会选择减少这方面的投入。政府扶持、提供良好的环境是外在因素，创新技术的主体是企业，只有每个企业注重创新，才能保证中国经济高质量增长。企业自主创新动力不足的主要原因如下：

（一）企业自主创新动力机制还不完善

（1）压力错位。激烈的市场竞争没有产生良好的循环，企业没有从自主创新方面寻找出路，反而投向别处。

（2）体制不完善。企业管理者往往不考虑企业的长久发展以及社会效益，只谋求眼前利益。

（3）政策执行不到位。现有政策虽有部分投入于自主创新方面，但往往在最终分配结果上不尽人意，未能达到应有的效果。

（4）观念更新较慢。现代企业只有不断谋求自己的创新才能获得持续发展，但大多数企业还是被动地依赖于上级机关。

（5）企业决策不当。企业决策者应当灵敏地发现市场的变化，并作出相应的反应，科技走在变化之前，而不是出现问题后才觉察到错误。企业决策者无法做到获得信息的完整，做不出正确、及时的决策和应对措施，对企业的发展尤为不利。

（二）企业在组织管理自主创新方面存在问题

（1）企业的组织管理模式尚未转变，大多数企业还是依靠原有的生产模式维持企业的循环发展，未能完成从“生产型”→“经营型”→“创新型”的转变，导致企业的发展无法紧跟世界科技进步的步伐，创新能力不被注重，没有新鲜活力注入的公司注定是无法可持续发展的。

（2）大多数企业没有创新激励机制，认为创新的回报周期长、风险较大，因而把更多的投入放在短期内可获得回报的部门。创新行为主体没有充分的自主权和支持，也无法进行创新工作。竞争机制没有引入到大多数企业，致使企业自主创新系统没有活力。

（三）企业自主创新在政策方面存在障碍

（1）配套性具体条款不够健全。国家及天津市对于企业自主创新的政策已出台不少，但是没有具体的执行性条款及其他相配套的措施。

（2）执行部门效能低下。部分执行部门效率低下，不能够及时解决企业问题，也不敢放手企业去做，往往使企业错失良机。

（3）创新政策内容不合理。政府对于企业自主创新的引导仍需加强，在鼓励支持之余，对企业施加压力，确保企业加大创新力度。

（四）企业在自主创新外部环境方面存在问题

（1）市场中存在不按规则的竞争，企业间运用不正当手段造成恶性竞争，放弃企业产品的质量、价格，扰乱了市场秩序，也削弱了企业对追求创新的信念。

（2）投机钻营公司出现，导致市场的价格机制出现问题，供需不能在合理的范围内波动，市场秩序被打破，企业决策者难以做出合理、正确的决断，难以确定创新方向。

（3）行政职权被政府部门少数人滥用，他们与企业进行交易，市场的不公平竞争关系加剧。

（4）在创新的过程中，政府处于主导地位，企业是创新的决策者，政府是创新的引导者，但在科技创新过程中，企业并未发挥自主创新主体功能。

（5）加快企业自主创新的竞争环境尚未形成，政府仍是自主创新的领导者，企业自主创新能力水平并未对企业经济效益产生很大的作用。

（6）在自主创新系统中，基础设施、科技中介服务体系落后，缺乏完整、有效和一致的自主创新政策法律，行业科研院所为产业提供共性技术和技术服务的创新能力有所下降。

六、通过自主创新发展战略性新兴产业存在问题

自天津国家自主创新示范区创建以来，战略性新兴产业呈现出快速增长态势，外资企业一直占据主体地位，高端信息产业发展较快，但产业间发展不均衡、外资企业处于主导地位的问题日益突出，还有发展模式不成熟，技术创新力度、深度不够，产业集群效应低，配套机制不完善等诸多问题。

（一）缺乏集群效应

天津市产业发展良莠不齐。就新兴产业来说，天津电子信息产业处于成熟的发展状态，航空航天产业、新能源、新材料产业的发展相对较快，但其他产业却发展相对缓慢，主要原因是天津市在高新技术产业方面缺乏龙头企业，无法带动中小型企业的发展，无法形成集聚效应，综合竞争力较弱。

（二）自主创新能力较差

2016 年，全年受理专利申请 10.65 万件；专利授权 3.97 万件，其中发明专利 5 185 件；有效专利 12.4 万件，其中发明专利 2.2 万件。但在全国专利授权总数中，天津市所占比重并不大，还不到总数的 3%，在全国排到第八位。因此，天津市虽然在努力增强技术创新能力，但是增强的速度较为缓慢，总占比重仍然很低。同时，由于天津市合资和合作是经济主体的主要形式，大部分核心关键技术是由外商及港、澳、台投资主体研制，缺乏天津本土的创新技术，不利于天津市企业自主研发，在市场竞争中处于不利局面。

（三）高层次创新人才缺乏

2016 年，在各种政策的促进下，天津市引进国外高层次创新人才

1 802 人，新建 19 个博士后工作站，2016 年末，共有 77 个博士后流动站，227 个博士后工作站，在站博士后达到 1 100 人。但是总的来看，在天津市，研发人才较少，特别是缺少在创新方面层级高的人才；另外研发投入不够等，这些都严重阻碍了天津市产业创新的发展。

（四）通过自主创新发展战略性新兴产业的政策环境有待改善

对于战略性新兴产业，不能将其完全放于市场自由发展，同时也要政府这只“看得见的手”给予引导，建立良好规范的市场秩序，让政策能更好地造福产业发展。政府的功能，主要是打造外在环境以利于企业自主创新，包括制定与完善相关的法律法规，推出相关税收和金融政策、政府采购政策等。重点瞄准创新型企业、龙头企业和重点企业加以扶持，并加大力度，尤其是扶持进行创新的中小企业，支持它们勇于承接国家级研发任务，组织或参与重大科技攻关等技术创新活动。但是，眼下的政策并没有给企业的发展带来预期的效果，如政府采购政策、企业相关科研设备加快折旧的政策、由企业承担政府部门的科技项日政策、免征技术转让开发营业税政策和对外经济贸易政策等。如何统揽战略性新兴产业发展全局、如何开展相关工作、如何制订出对发展有利的优惠政策体系、如何实施政策扶持等，还有待进一步探索与实践。因此，改善政策环境，加强优惠政策的执行力度刻不容缓。

（五）科技成果利用率低

根据调查显示，天津的科研成果基本上处于闲置状态，没有很好地被利用起来，仅有 10% ～ 15% 的科技成果被转化为商品并取得一定规模效益，其中的 5% ～ 6% 实现大规模生产，这与西方发达国家相比，还有很大的差距。天津市于 2016 年共签订技术合同 13 060 项，交易额达 602.32 亿元，同比增长 11.7%，技术交易额达 435.70 亿元，同比增长4.1%，但与发达国家相比还远远不足。科技成果利用率低的主要原因就是产、学、研合作机制不完善，目前，企业科技创新（包括产品创新和工艺创新）基本由各企业集团自身完成，产、学、研合作这种模式还未在企业产品与工艺创新中占据主导地位，产、学、研各方互相促进、互相学习的合作体系尚且处于起步状态，产、学、研之间合作的力度和深度尚且较低。由于大学、科研院所同企业在学科领域分布及水平上的需求存在差异，使得市场需求低，无用武之地；在政策方面，现有的政策也未能从根本上给产、学、研合作创新提供所需的外部条件。

七、天津国家自主创新示范区与自由贸易试验区协同发展存在问题

（一）在战略设计出发点和战略使命上缺乏一定同构性

两者在战略设计出发点和战略使命上的差异，使两者协同发展有难度。天津国家自主创新示范区把自主创新作为核心发展战略方针，通过汇集国内外各种创新要素和国家政策的支持，围绕关键技术进行攻关，使其成为实现自主创新的重地和样板、领航区。然而，天津自由贸易试验区以积极构建符合国际惯例的新平台，对WTO规则局限进行突破，积极与新国际贸易规则TTIP等接轨。以放眼于国际贸易新领域，促进服务贸易升级，为国际先进贸易金融体系提供服务为战略目标。

（二）在规划布局和协同机制上缺乏有效的、前瞻性的统筹

自主创新示范区与自由贸易试验区是相辅相成的关系，我们在进行规划布局时，在地理位置上会使得两者的核心区域距离相近，以便两者更好地协同发展。但天津自主创新示范区与自由贸易试验区没有建立起协调两者关系、发挥两者功能的协同机制和科学的布局。未来

天津国家自主创新示范区在产业、人才、政府政策方面应当做到前瞻性与有效性共存，考虑更加周全，使得两者效益发挥最大化。

（三）管理体制尚不具有整体协同性

天津国家自主创新示范区属于天津市政府的派出机构，相对于自由贸易试验区，层级较低，规格较小，因而在协调两者的关系上存在困难较大。在此情况下，国务院、各政府相关部门、地方政府部门应竭尽各方力量，共同为天津国家自主创新示范区的发展贡献一份力，克服国家自主创新示范区与自由贸易试验区两者的天然差异。

（四）重大项目之间缺乏协同互动

虽然天津已有不少重大项目，且很多重大项目已展开应用，也对天津乃至全国的教育、科技、产业经济发展发挥着重要的作用，但是各个重大项目缺乏关联性，没能做到一加一大于二，单个项目各自发挥作用，各个项目之间缺乏协同作用。应注重项目之间的关联性，努力整合、统筹两者的发展，共同为天津市发展做出贡献。

第五章 天津国家自主创新示范区发展模式及对策

就天津国家自主创新示范区在发展中发现的问题而言，我们不仅要学习国内外成功的做法，也要把握住当前多重国家战略这一机遇，充分利用国家战略给予的优势，实现政策叠加的效益，建设具有天津特色的国家自主创新示范区，加强创新的力度，带动区域共同发展。

第一节 天津国家自主创新示范区发展模式分析

天津国家自主创新示范区的模式选择需要因地制宜，博采众长，模式的选择应该立足于天津实际情况，天津国家自主创新示范区应采取协同创新模式，通过“官产学研”等多方面协同创新，通过创新资源空间的构建、优化和突变，使得新技术商品化、产业化，结合创新与产业成长相关理论、产业生命周期理论，从技术结构、技术进步、技术关联、技术的生命周期角度和从创新链—产业链—价值链三者内在的关系角度，使构建的协同创新生态系统富有活力；努力建设产业创新中心和国家级区域创新中心，并使其在国际上有影响力。该模式最重要的是通过提升自主创新来促进科技的发展，进而大力推进战略性新兴产业发展，这也是天津国家自主创新示范区发展的不竭动力。推进战略性新兴产业发展，首先一部分龙头企业以创新为导向，提供主要依托力量；其次，围绕产业网链，由于集聚作用形成大量重点配套企业，提供后续力量。建立完善的战略性新兴产业发展集群或结构网络，应从两个方面努力：一是需要核心企业作为发展基础，由于其牵引带动作用形成集聚效应，促进有关联的企业向新兴产业区域靠拢，这样具有专业化分工协作的纽带结构便形成了。二是需要整合具体的创新要素，形成新兴产业的价值网链。持续性创新离不开企业的合作创新、关联创新、互动创新，在现有成熟的技术链的基础上，促使产业内部的关键环节发生群体性技术裂变，从而衍生出新的技术链。如此的更新交互，从新兴产业的技术链逐步发展为产业集群的产业链，与相配套的原材料、设备的产业链共同构成战略性新兴产业集群。

天津国家自主创新示范区的建设应该按国务院及天津市委市政府的政策建议，结合国内外的成功经验，引进吸收国内外先进的创新资源，以此大力发展提升天津市自主创新的核心竞争力，针对天津国家自主创新示范区的经济基础、发展需求、资源情况等特点，结合本地区的经济发展，建立各行业、各单位的产业发展模式。在产业竞争方面，应争做行业一流水平，做“领头羊”，在核心技术方面有绝对的话语权，从地区走向全国，从全国走向国际。在自主创新成果产业化方面，大力推进天津国家级自主创新示范区的核心创新成果的市场化、产业化。在创新的组织方式方面，鼓励高等院校、研究所与创新研发区进行紧密的合作，建议多建成创新研究所及多学科联合研究所。吸引国内外的创新人才，汇集先进思想、经验共同参与企业面临的科技攻关的主要建设内容，天津国家自主创新示范区发展模式应是在创新上形成协同发展。

天津国家自主创新示范区要高举的伟大旗帜是中国特色社会主义，发展要按规律科学推进，目标锁定为在自主创新上提升能力，不间断地改革体制机制，不间断地改革体制机制，本着“机制创新、重点突破、开放合作”的原则把科技、教育、经济融为一体，对率先践行自主创新政策者给以支持和鼓励，使其尽快创新出成果，成为创新发展的标杆，将天津国家自主创新示范区打造成世界闻名的高新科技创新中心及产业重镇，助推天津建成“人文天津、科技天津、绿色天津”，为建设创新型中国添力。

天津国家自主创新示范区要明确自己的战略定位，以面向世界、辐射天津及全国、创新示范、引领未来为目标，坚持集聚创新、引导产业发展、引领转型升级、示范开放创新、成为京津冀科技干线新节点的初衷，致力于天津世界级城市的发展建设，争取花费十年光阴，打造出影响全国乃至全世界的科技创新中心和高新技术产业基地。极力深化体制机制改革创新，建立健全对自主创新具有推进作用的动力、激励机制，深入探索“产学研用”之间的联系，创造出相互促进、市场资源和政府宏观调控完美结合、科技创新成果高效利用的新机制、新模式，促进政府与企业的创新合作、交流，有效地利用资源、相互协作创新发展，打造适合中国发展的自主研发创新制度和政府政策扶持体系，助推全国深化改革。加快天津国家自主创新示范区企业、产业和创新要素向国际潮流靠拢，积极与主要发达国家进行交流、合作创新，对于国际重大科技合作计划应予重视，并积极承担和组织，为中国参与全球创新竞争与合作和打造创新精锐队伍积攒经验，为创新发展实现国际化作出贡献。大力探索全球尖端创新基本元素，聚集国家级创新人才，构建人才、资源、技术、技能等创新基本元素高效融合的新模式，打造效率高、效益好、资源聚集的全球创新战略新高地，为中国产业更加高效、合理地利用创新资源提供技术支持和保障。建立一批高等院校组成的研究型院所或者科研机构，各大高校选拔人才，致力于自主创新。着重发展创新能力强、科技含量高、资源能耗少、低污染、能辐射带动周边一起发展的高科技新兴产业，带动天津国家自主创新示范区产业升级和产业价值链向高端发展，进而服务于全国高新技术产业的发展，以此提升天津乃至全国产业核心竞争力。

天津国家自主创新示范区经过努力建设应力争截至2030年达成以下几点目标：

（1）初步建成全面的体制机制。争取能够在以下几个方面取得重要突破：人才激励、科技金融、知识产权、技术转移和产业化、科研院所等，努力探索出使得科技和教育能够更加紧密结合、提高科技转化率的机制体制，形成可在全国范围内推广的机制体制，以促进科技与经济的进一步发展进步。

（2）大幅度全面提升自主创新能力。到2030年，企业研发的投入要达到占总收入的5%，申请发明专利数量达到2017年的两倍，重大科技成果数量、质量逐步提高，企业掌握更多的核心技术，紧跟国际潮流，基本建成具有全国乃至全球影响力的知识创造中心和技术创新中心。

（3）人才特区基本建成。初步建成全球性高端创新人才集聚特区，以人才优先发展为基本战略，建造并不断完善“选得准、引得进、留得住、用得好”的人才机制和发展环境，吸引大量国内外高技术人才集聚到示范区创业发展，将天津国家自主创新示范区打造成为中国人才发展的战略高地，为中国自主创新发展伟大事业提供动力。

（4）创新创业高度活跃。不断形成新的有利的创新创业模式，以适应高科技经济发展的要求，使得模式与企业发展同步化；对处于创业初期的企业进行支持引导，保持科技金融繁荣、高度活跃，积极扩大天津国家自主创新示范区吸纳全球创业投资的规模，挤进全国乃至亚太地区前列，成为全国乃至全世界最活跃的创业投资中心之一；营造出良好的并带有时代特点、中国特色、天津特色的创新创业文化氛围。

（5）力争高技术产业国际竞争力达世界一流水平。进一步提升产业规模，力争使天津国家自主创新示范区发展水平赶超世界一流；进一步优化产业结构，力争高技术服务业达到示范区总产值的65%以上；掌握一批核心产业技术和行业标准，建造一批富有较强国际影响力的新兴产业集群；具有创新能力的中小企业不断涌现，培育出一批能完成超500亿元年产值的大型企业。

（6）创新水平进一步国际化。进一步深化开放创新，建设全球性创新网络，在企业成长的道路上充分利用国际创新资源、实行国际化经营模式；更加积极地参加国际型合作与交流，打造一批辐射全国、影响世界的创新合作交流平台。到2030年，进一步完善天津国家自主创新示范区的创新环境，显著增强创新活力，使创新效率和效益更进一个档次，在高新技术产业领域中形成2～4个占据核心主导地位的集群产业高地，打造一批闻名世界的品牌和富有强大生产力、竞争力的跨国型企业，组建一批世界著名的大学院校和科研院所，培育、吸纳一大批次卓越的高新科技创新人才，尤其是掌握着核心技术的人才，加大创新力度，形成天津自身的创新项目，将天津国家自主创新示范区建成在全国乃至全球范围内有影响的创新研发高技术中心和高新技术集群产业基地。

第二节　促进天津国家自主创新示范区发展的对策分析

一、不断提高天津自身最基础的持续创新能力

天津的现代化建设围绕国家战略需求和区域发展的多个方面，注重区域基础创新能力的提高，推动示范区的不断发展壮大，以创新体系的构建为重点，并突出其特色和优势，支撑经济持续创新发展。天津现代化建设要与本地智力资源密集优势相联结，采取产学研用合作的方式，重点提升企业技术创新能力和突破体制机制中存在的障碍。

（一）增强支撑建设创新型国家的能力

1. 重视科技类项目的发展

将重大专项落到实处，一方面结合天津本土科学技术力量的优势，充分发挥并大力推广关键技术，包括能源技术、水资源技术、环境保护技术、装备制造业核心技术、信息产业核心技术、生物技术、空间和海洋技术等重大专项；另一方面以重大专项项目（课题）为主体，新兴产业组织和民营科技企业负责实施，掌握核心技术，形成自主知识产权。

2. 国家重大科技基础设施要加快建设

包含医药、新能源、节能环保、电动汽车、新材料、物联网、智能电网、新一代无线通信、集成电路设计、半导体照明、人工智能等重点领域，科技基础设施的建设要充分发挥科技资源优势，统一布局并构建研发基地，实现产业集中布局，将示范园建设成为科技型示范园区，推进相关基础设施的建设。

3. 推进相关创新平台的建设

为产业技术发展提供支持。首先，围绕着企业产业技术为中心，建立完善平台建设，提供更加优质的服务，在推动平台建设的同时，实现企业技术创新能力的持续发展和提升，不断推动研发技术向其他领域的转移以及高新技术、共性技术领域的发展。其次，由于电子信息、航空航天、生物和新能源等领域属于重大领域的范畴，涉及多个高端领域，此时就需要企业与相关研究机构共同参与研究，由企业出资成立研究机构，突破重大领域产业发展过程中的技术障碍。

（二）持续提升大企业创新能力

1. 加速集聚和整合大企业创新资源

充分发挥大企业创新资源优势，提高资源的整体整合能力和集聚的速度。可以通过以下几个方面：第一，通过企业内外部的并购和重组，企业委托相关部门进行技术研发，向企业购买相关知识产权，大量汇集企业创新资源。第二，围绕国家技术创新工程的要求，以天津市政府部门和天津本土企业为试点基地，大力推动相关工作的开展。第三，围绕企业涉及创新的项目，加大资金及人员的投入。第四，由企业牵头，开展相关的创新活动，积极参与到国家科技重大专项、重点工程建设及科技计划中去，丰富企业的创新活动。

2. 鼓励企业开展产学研用活动

以企业为主导，联合大学和研究所共同开发“产学研用”合作的新模式，设立企业与大学、研究院联合的研发机构，企业根据发展需要委托研发机构进行技术研发，建立健全企业与大学、研究院之间的技术许可、转让、入股等多种合作方式，并实行体制机制改革，针对产业技术的核心问题，企业可以与大学、研究所之间形成联盟，持续进行产业技术创新，并以创新网络为平台，推进“产学研用”合作的新模式向着协同化、高效化的方向发展，为相关的产业组织营造良好的发展环境，整体上推动“产学研用”合作创新成果的转化及流动。

3. 提升为企业创新发展服务的质量和水平

创建便捷的渠道和综合服务平台，为企业提供更高质量和更高水平的服务，为企业的创新发展助力。通过以下几个方面，完善创新创业服务体系，为天津市创新发展注入新的活力：

（1）完善顶层设计，制定相关的法律法规和政策体系，为企业提供优质服务、优惠政策的同时，用严格的法律法规约束企业的行为，推进创新创业活动朝着正规轨道的方向发展。

（2）根据管理工作的需要，成立相关的管理机构，细化管理工作，推进创新创业活动的顺利进行。

（3）成立专项资金池，给予企业自主创业活动专项资金支持。

（4）打造企业品牌形象，注重品牌形象的推广。

（5）采取高校、研究机构联盟或是企业自主筹建的方式建立研发机构，为相关领域的技术研发助力。

（6）推进管理的信息化发展，将管理系统和信息技术结合在一起，支撑企业的日常管理工作。

（三）促进中小企业自主创新的有效途径

1. 提高中小企业自主创新的意识，并以制度创新为保证

企业的自主创新必须建立在观念更新的基础上。因此，只有提高企业自主创新意识，不断地进行观念创新，不断产生适应并领先时代发展的新思想、新观念，并具体落实到经营管理活动上，企业才能获得持续发展。制度创新是指企业内部组织结构和运作规则等一系列制度的创新，它们是中小企业自主创新的保证。虽然知识和技术存量规定了企业活动的上限，但它本身并不能决定企业如何在这些限度内取得成功，企业内部的组织结构以及运作规则决定了一个企业的实绩以及知识和技术存量的增长速度，造就了引导和规定创新活动的激励或非激励机制，同时也决定了创新收益分配的基础。正是基于上述原因，自主创新才需要制度创新来保证。因此，提高中小企业的自主创新能力，必须"抓大放小"，继续积极稳妥地推进中小企业改革。中小企业应通过改组、联合、兼并、租赁、承包、出售、股份合作制、拍卖等形式，使之成为自主经营、自负盈亏，适应市场经济要求的企业组织形式，这是促进中小企业自主创新的根本措施。建立健全有利于企业自主创新的制度与激励机制，包括市场快速反应机制、科学决策机制、资金保障机制和人才激励机制等，加强知识产权保护，为企业自主创新提供制度保障。

2. 中小企业自主创新要将技术创新与技术引进有效结合

要提高企业自主创新能力，就必须科学选择技术创新模式，将技术创新与技术引进有效结合。企业技术创新存在自主创新和模仿创新两种模式，前者投入大、风险大，但可以拥有核心技术，长期收益大；而后者成本低、风险小，但技术超前性差，难以保持长期的竞争优势。

结合实际情况，中小企业由于受规模、资金、研发能力等的限制，少数有实力的企业可以在某些有优势的领域选择自主创新，而在相对劣势的领域选择模仿创新。在模仿创新中，也要将重点放在模仿与引进技术的消化吸收上，进一步培育自主创新能力。为此，中小企业应在重视自主创新的基础上，积极寻求从国内外引进先进技术。从美国的实践来看，中小企业可以通过相当多的途径实现技术引进，比如，与大学或研发机构合作开发新技术、与大学或研发机构签订技术研发合同、与大企业合作或作为大企业技术创新的配套环节、购买为大企业拥有但是不愿意被商业化的新技术项目以及通过专门的转移中介机构实现技术引进等。当前，中国在中小企业中介服务机构不健全的条件下，更需要中小企业加强和外界的联系，积极寻求和国内外各种研发机构的合作，采取多种方式和途径引进新技术。特别需要指出的是，中小企业可以采取进驻企业孵化器的方式来获得全方位的技术创新服务；而且由于企业孵化器中有大量的创新企业存在，所以经常性的技术转移就成为可能。此外，在政策和资金筹措方面，要鼓励对引进技术进行消化吸收、自主创新。要加强宏观调控和管理，有效抑制盲目重复引进的行为。在引进机制上，要实行科研机构、制造企业和用户共同组成引进联合体的方式，促进技术引进、消化吸收、自主开发及市场运作的完整链条的形成。

3. 建立激励中小企业自主创新的税收、财政、金融支持政策

1）建立和规范对中小企业的税收政策

在税收政策中，制定适应于中小企业自主创新的特别条款。对符合国家产业政策的技术改造项目，可享受投资抵免企业所得税的政策，在一定范围、一定的年限内给予新开办的中小企业一些税收减免，

尤其是那些成长性好、业绩优良的高科技中小企业，以缓减中小企业发展中的困难。对一部分具有特殊功能、确实需要特殊优惠的中小企业，应实行先征后退或定向补贴的做法，以维护税收的统一性、完整性。

政府要推出扶持中小企业的重要措施：如对企业的科研和开发投入实行税收减免，延长对企业生产投资的税收减免期限；设立总创业基金，向新建的高科技产业公司提供企业启动资助。要进一步规范政府的行政行为，加强监督检查力度，坚决清理不合理的收费，切实减轻中小企业的负担。明确政府的公共物品和服务应主要由税收来承担，剥离目前由企业承担的一些公共事务与社会责任。

2）实行优惠的宏观金融、财政政策

资金短缺是中小企业自主创新面临的一个普遍性问题，这种情况对于中国中小企业而言尤为严重。因此，政府要加大对中小企业发展的资金支持力度。财政支持的主要手段是税收优惠和财政补贴、财政信用、财政担保。税收优惠一般适用于所有中小企业，而财政补贴则只适用于符合要求的项目，如新建企业、人力资源开发项目、研究开发项目以及出口业务等。建立各类激励中小企业自主创新的专项基金，支持和引导它们加大科研经费的投入，为企业自主创新科研经费的筹集提供更为广阔的资金渠道。该专项基金可针对特定高新技术行业发展、传统产业技术升级的关键技术、重大的战略性技术创新和引进技术的消化吸收等分别设立。这些基金的资金来源，应该是多渠道的，包括政府、企业和其他社会资金。

金融扶持主要是信贷和贷款担保。融资主要来自商业银行贷款、金融投资公司、政府资助、证券融资等。高新科技企业应通过资本市场来获取大量稳定的资金而不是单纯依赖银行贷款。银行方面考虑到贷款资金的安全回收，往往对高风险的高新企业投资予以回避，这就制约了高新企业的发展；而在资本市场，因高新企业的高风险蕴藏着高收益，这将会引起部分投资者的兴趣。因此，通过资本市场“风险共担、回报共享”的机制，吸纳社会上的闲置资金投资，可以帮助企业克服资金不足的困难，同时资本市场的资金流向高效率企业也有利于激励企业注重自身生产效率和企业形象。

中国中小企业规模小、信誉度低，借助金融市场融资较为困难，而通过资本市场则可获得所需资金。但目前制约条件使中小企业难以跻身主板市场。鉴于外国中小高科技企业利用创业板市场和投资风险基金获取资金的成功经验，建议我国资本市场应加强中小企业板市场建设和尽快发展创业基金。与其他直接融资渠道相比，中小企业板市场的好处是进入的门槛低、股票流动性强、交易效率高。我国虽已建立了中小企业板市场，但由于其上市规则、条件等的限制，中小企业通过其融资仍然很难。因此，我国可以考虑在保证质量的前提下，加强中小企业板市场建设，适当降低进入门槛，让一部分运作规范、有发展潜力的中小企业上市融资。当然，国家应加强相关制度的建设，保证中小企业板市场的规范运作，发挥其在中小企业融资方面的作用。创业基金是针对某些中小企业不具备上市条件时的一种融资方式，其商业运作根据企业的发展阶段对高科技企业进行投资；投资分为四类：种子基金、创业基金、运转基金、扩展基金。应当指出的是，在高技术企业创业的各个阶段，对资金的需要是不同的，融资方式也就需因时、因企而异，对此政府应给予指导，设立总创业基金，向新建的高科技产业公司提供企业启动资助，解决中小企业自主创新中的资本短缺问题。

4. 建立健全提高中小企业自主创新能力的支持服务体系

（1）完善中小企业的相关法律法规，创造良好的经营环境，维护公平的市场。要以《中小企业促进法》为基础，加快制定与之配套的法规和实施办法，并尽快制定相应的地方性法规，使我国中小企业立法形成一个科学、完备、有序的体系，要通过法律的完善激励创新行为，包括完善知识产权制度，强化知识产权保护，支持自主技术标准的形成。

（2）建立公共技术支持平台。采取政府引导、市场化运作、开放服务方式，在中小企业比较集中和具有产业集聚优势的地区，重点支持建立一批公共技术支持平台，为中小企业技术创新提供设计、信息、研发、试验、检测、新技术推广、技术培训等全方位服务，为中小企业自主创新提供场地、仪器设备、技术人才等技术支持，帮助中小企业提高技术水平，降低资源消耗，实施环境友好型生产；支持有条件的大企业和企业集团的技术开发中心向中小企业开放，为中小企业提供技术支持服务。

（3）改善中小企业发展的社会化服务体系，建立信息网络系统。同大企业相比，中小企业在结构调整、科研开发和技术创新能力方面处于弱势。因此，政府应注意从多方面加以扶持。最为重要的是发展中介服务体系，中介组织以专业知识、专业技能为基础，与各类创新主体和要素市场建立紧密联系，为服务主体提供专业、优质的服务。完善中介服务组织体系，特别是科技中介服务体系，在提供技术信息、管理咨询、企业诊断、培训和示范等方面有助于中小企业提高竞争力，降低创业风险，从而促进中小企业的健康发展。要使中介、咨询服务体系日渐壮大，让服务领域涵盖科技、金融、法律、人才、劳动力、产权、信息、建筑工程、交通运输等。还要丰富咨询服务的业务，如信息服务、企业的发展战略、市场营销、融资咨询、市场调查和分析、财务管理、认证咨询、生产管理等，来满足中小企业对中介服务各领域的需求。

（4）推动“产学研”合作。鼓励中小企业与大学、科研机构建立长期合作关系，通过共建研发机构、联合或委托开发、技术成果转移、专业技术人才培养等多种形式，加快企业与科技咨询的有机结合，加速科研成果产业化进程。

（5）加强人力资源服务。落实人才强国战略，把培养、输送专业人才作为提升中小企业技术水平、增强自主创新能力的重要服务内容，组织、引导各类中介培训机构，针对中小企业的人才需求，开发培训教材，提供灵活的培训服务；鼓励中小企业技术服务机构建立技术服务专家库，组织大学、科研机构、企业的离退休技术人员采用灵活多样的形式为中小企业提供技术咨询、技术指导和技术诊断服务。

（四）提升相关机构的创新能力和效率

1. 建设世界一流科研机构

以天津现有的科研机构、技术和设施为基础，为大学和研发机构注入新的发展元素，建立顶尖的科研机构，注重优秀科研人才的引进，提升高校院所整体的研究能力、应用能力和运作效率，通过掌握一批产业核心技术，才能将创新成果有效地利用到实践中去。利用国有企业和部分企业的研发平台，加快创新资源的集聚速度，为重点产业的发展打造专门的研发机构和基地。

2. 建立相关的技术转移机构来推进技术研发和转移

（1）鼓励高等院所和相关研究机构围绕着科技问题开展相关的创新工作，针对科研项目的立项工作和人员的考评工作，大力推进相关制度改革，完善评审制度。

（2）建立健全相关的技术转移机构，持续对相关管理制度进行改革，大力推进高等院所和研究机构转化技术成果、扩散公共技术和转移市场技术，并探索开发多种模式。

（3）由企业、高等院所等微观主体共同参与，建立相关的机构，保证研发成果最终顺利转化。

（4）建立面向全球的服务机构，开展创新创业和相关技术转移工作，建立面向多个机构的利益分配机制，规范企业间的利益分配。

3. 建立和完善科研设施对外开放共享机制

建立涉及高等院校、科研机构与社会三个微观主体的共享机制，推进高等院校和科研院所开放相关的基础设施，避免科技资源的浪费，并针对天津本地区，建立实验项目，鼓励全国各个企业参与其中，汇集全国力量建立研究院联合探索研发相关技术，并委托其进行技术研发、设计等服务工作。

（五）提高天津经济创新发展的能力

充分发挥天津本土人才、资金和技术等资源优势，并对其进行统一的规划整合，与天津经济的特征相结合，采取“产学研用”的模式，面向全市建立“产学研用”的合作工程，推进包括电子信息、新能源、人工智能和文化创意等重大产业的核心技术的突破，并结合自身的研发成果形成一整套自有知识产权。持续改良相关的技术和产品，推进涉及民生相关产业的不断发展，进一步推进企业向更高的层次发展，使企业不断发展壮大，提升天津本地企业的创造能力，逐步形成自有的产品品牌，破除传统经济发展方式存在的障碍，形成新的经济发展方式，推进天津经济创造能力向着更高层次和水平发展，进入更高的发展轨道。

“科技天津”的建设，要涉及社会生活的各个领域，只有在这些领域全面推进科技创新的工作，才能充分发挥科技创新的重要作用，大力推进“科技天津行动计划”的工作进程，使天津带领首都创新工作的开展，并处于领先的位置。建立健全相关的体制机制，对“科技天津”的建设进行统一的规划和协调，充分发挥该地区的知识、技术等资源优势，持续改善资源的供给情况，并推进创新成果在“科技天津”建设过程中的顺畅流动。实现天津产业结构的转型升级，推动该地区经济社会进入快速发展的轨道。

二、搭建产业创新发展平台

以国家发展战略需求为基点，结合天津自身情况，加大国家与天津间的紧密联系和上下联动，充分利用国家和地方的创新资源优势，并对创新资源进行统筹规划，通过相关平台的联动作用，加速国家与地方之间的创新资源叠加，让市场对资源进行主导配置，助推企业不断提升自主创新能力。研发企业自有关键技术，不仅要打造企业高端产业和新型产业，还要实现产业聚集化发展，推动产业的全方位和更高领域发展。

（一）构建天津创新联动共享机制

1. 发挥天津地区领导小组的带头作用

成立天津国家自主创新示范区领导小组，推动天津地区自主创新的发展，由市政府安排领导小组内部的人员任职情况，根据示范区建设相关的发展规划和要求，针对示范区发展建设中存在的相关问题，积极向国家部门上报，并积极妥善地解决，确保各项工作的顺利进行；针对体制机制的创新工作，由政府部门带头，相关部门共同参与，推进相关试点工作的顺利进行，并为工作的开展提供政策和法律保障，推动示范区的建设。

2. 搭建国家与地方创新合作平台

充分发挥天津本土的科教资源优势，联合科研机构、高等院所、企业和政府等相关部门，构建“产学研用”合作平台，充分利用企业创新资源，自上而下推动产业间的协同创新，并重视相关体制机制的改革创新，大力推广相关政策的试点工作。然后成立天津市科技中心，以促进科技的创新和产业化发展，并根据发展需要设立相关部门，提高整体的办事效率。并由天津市给出一定资金，成立项目审批小组，规范项目资金使用情况，保证资金的集中使用。为实现重大项目的开展，加速科技成果向企业的集聚速度，成立专门的金融小组，与金融机构展开合作，大量汇集相关资源，为科研工作的开展提供支持，推动企业的产品和服务向更高层次发展。成立创新创业服务平台，以服务平台为依托，积极引进顶尖人才、团队和机构前来创新创业。成立专门的推广小组，由推广小组负责将研发出来的新技术和新产品推广到市场，扩大其应用的范围。成立政策工作试点小组，针对科技成果处置、收益权、股权和科研项目间接经费等问题展开相关的试点工作，并将相关的试点工作加快推广。成立专门的建设小组，负责统筹规划示范区的建设用地，合理安排示范区产业布局，并加快落实重大项目。

（二）加速自主创新成果的转化

1. 加快创新研发成果的转化速度

信息、生物、新材料等产业都属于高技术产业的范畴，也符合天津市的功能定位，而推进这些领域的创新成果的产业化，需要天津市筹集专项资金，并成立专项基金小组，主要负责落实相关具体工作，加快自主创新成果向企业的集聚速度，逐步实现产业化发展，建立高级别的产业基地，推进高新技术产业的发展。

2. 建立推进科技成果转化的相关激励机制

科技成果的成功转化需要不同微观主体各尽其责、协同合作才能够顺利完成，而起决定性因素的还是在科技成果转化过程中做出过贡献的人才，因此，建立完善科技成果转化奖励机制必须要注重对人才的奖励，可以采取人员在成果转化过程中所付出的智力和技术要素作为标准，以参与持股或参与企业利润分红的方式，奖励相关人员。

3. 开展重点领域示范应用

实现天津传统的经济结构转型升级，改变传统的发展路径，需要根据社会发展的需要，积极建设较大规模的项目，并通过引进大项目及工程来实现重点示范区的建设。通过对示范区建设的持续完善和应用，完成产业的战略性整体布局，最终推进创新成果产业化发展。

（三）发展块状经济和链条经济

（1）以“中国制造 2025”的发展规划为导向，改变高端制造业传统的生产、生活方式，不断注入创新元素，时刻跟进科技成果和世界科技前沿趋势，并将最新科技成果快速地应用和推广到生产制造过程中，实现制造业向着更高层次的方向发展。并且新兴产业作为刚发展起来的产业，其发展的基础较为薄弱，加强其战略布局，将有助于产业的发展。

（2）促进企业集聚集群发展，大力引进和吸引重点项目、研究机构和处于初创期的科技型企业，加快产业间和产业内部的布局，实现产业的集聚发展，并培育一大批储备力量，为产业的持续快速发展提供支撑。

（四）提升本地区产业集群的综合竞争力

1. 大力发展电子信息并逐步形成大规模产业集群

现代的电子信息属于新兴产业的范畴，涉及的范围较为广泛，即涉及制造业又涉及服务业，实现在核心电子器件、高端通用芯片、基础软件产品等领域核心技术的突破，在高世代平板显示、大规模集成电路、计算机等领域装备技术的升级，在新一代移动通信、下一代互联网、高清交互数字电视等领域，在产品制造方面，主要注重提升这些领域的系统集成能力；在服务方面，主要注重信息服务的延伸方面，扩宽自身的增值服务，在电子信息服务业方面，随着信息服务外包和业务流程外包发展逐渐成熟，改变传统的发展方式，推进外包业务朝着产业化方向发展，使电子信息服务业能够朝着更高层次的方向发展，并形成一定的规模。同时随着软件、移动通信、数字电视等电子信息产业的发展成熟，逐步完善相关产业基地设施的建设和产业自主发展，提升中国电子信息产业的综合竞争力。

2. 壮大生物产业集群

首先推进医药研发向着更高层次发展，注重产品和技术的研发，推进产品制造向着高端化的方向发展，例如，加快研发新型疫苗、蛋白质抗体、诊断试剂等生物医药，选育农作物、畜牧产品等生物农业产品，加大对优良产品品种的研发力度，丰富产品种类，重点研究酶工程、代谢工程、纤维素乙醇、微藻生物柴油等工业生物领域，突破关键核心技术。其次提升医药研发的服务质量和水平，推进相关外包服务业的发展，并逐步使其规模扩大，使产业向着集群化、产业化发展。

3. 通过研发推广新能源来助推节能环保产业集群的构建

随着全球的气候变暖，如何实现低碳经济发展是社会各界广泛关注的话题，而现如今能源是成为低碳发展的瓶颈，因此，致力于新能源的研发将有助于构建节能环保产业集群，突破新能源的核心技术，并逐步实现推广和应用。重点研发新型太阳能光伏光热材料及元器件、新型热泵机组、污水及固体废弃物处理等方面存在的技术难题，为节能环保产业提供更强劲的装备支持，将产业基地打造成为既能实现节能环保又能进行高端制造的产业集群。

4. 推进新能源汽车产业集群化发展

车载系统是新能源汽车的核心部分，突破核心系统的发展瓶颈，将会推动新能源汽车产业朝着更高的方向发展，实现产业的产业化和集群化发展，要解决这一难题，首先需要建立汽车研发平台，在平台上运行和操作，突破汽车内部主要系统和关键零部件的核心技术，并持续加大对其的研发力度，针对新能源汽车的充换电装置，除了要注重对硬件设施和配套基础设施的研发，也要注重制定完善相关的规范准则和服务体系来指导电池的正确使用。

5. 推进新材料产业的集聚发展

现今新材料主要是在电子信息、生物、航空航天、装备制造等领域进行应用和推广，目前新材料主要包括纳米材料、高纯材料、半导体材料、高性能合金、稀土材料、金属特种加工材料、复合材料等，掌握这些新材料的关键核心技术，不仅会逐步形成相关的产业集群，而且将会有利于其他领域的发展。

6. 推进装备产业集群向着高层次的方向发展

集成电路、轨道交通、特高压输配电等领域属于装备产业的范畴，而大角度离子注入机和刻蚀机、城市轨道交通车辆和运行控制系统、风力发电变频控制系统、高压大功率变频调速等方面的核心技术是制约集成电路、轨道交通、特高压输配电发展的阻碍，加大研发力度，注重整体的系统设计和技术服务承包能力，将有助于提高整体的装备水平，推进装备产业集群的建设。

7. 加速航空航天产业的集聚

发动机、系统控制和航天技术是航空航天产业的核心，根据这些领域的发展要求，建立专业集聚区，将有利于扩大民用航天产品的发展规模，扩大运营和服务相融合的发展规模，在多个领域实现该系统全方位的推广和应用。同时，大力发展北斗卫星导航系统。

8. 打造文化创意新兴产业集群

文化创意新兴产业集群需要将文化和创意这两个元素完美地应用到高技术产业上去，在多个领域进行持续的开发和延伸，提高服务的质量和水平，提供更加全方位的服务，将文化和创意的理念在多个领域中有具体和全方位的体现。例如，在信息内容、搜索引擎、网络游戏、创意设计等领域方面，随着文化创意新兴产业的发展壮大，数字制作产业和动漫产业会搭上发展的便车，实现自身领域的发展壮大。

（五）实现科学领域全方位的发展并提高其水平

航空航天产业、新能源产业、电子信息产业和装备制造业属于现代制造业的范畴，天津国家自主创新示范区的构建，要以这一批高科技现代制造业为主导战略性产业，并根据“工业 4.0”的具体内容，扩大自身产业的范围。随着现代物联网等媒介的发展，德国认识到可以通过物联网与制造业的融合发展，来提升总体制造业水平，因此，在 2011 年汉诺威工业博览会上，德国业界提出“工业 4.0”的概念，并在 2013 年的汉诺威工业博览会上，发表了《德国工业 4.0 战略计划实施建议》。“工业 4.0”的核心理念是通过网络链接的平台，采取虚实相接的方法，实现网络化的智能制造，与“工业 1.0”“工业 2.0”“工业 3.0”相对比，“工业 4.0”开启了第四次工业革命的大门，可以围绕人们的日常需求，提供专门的服务和产品，满足人员的不同种需求，人们也可以根据自身喜好选择工作的内容、方式及服务模式，“工业 4.0”突出的一点是通过智能制造的方式达到节约材料的目的。因此，天津市要充分发挥自身的产业优势，积极引进“工业 4.0”技术，对传统制造业进行优化升级，提高天津制造业的总体竞争力。

三、集聚整合核心创新要素

充分发挥天津本地的人才、资金和技术等要素优势，提高资本运营效率和层次水平，为创新创业人员营造良好的环境，吸引和引进大量高端人才集聚天津，持续不断地进行金融和科技创新，建立健全行业关键技术准则，并严格遵守国家知识产权和技术标准战略要求，将天津打造成为专业的技术交易中心，加速创新创业人才向本地区的聚集速度。

（一）通过人才的引进和培养形成人才聚集地

1. 对人才优先发展格局进行战略部署

围绕国家人才特区的建设要求，持续创新相关的体制机制，为科技发展注入更多的活力，加快天津本地高端人才的集聚速度，并根据经济发展的需要，培养多个领域高层次的人才，形成精良的人才团队，为战略性新兴产业的发展储备后续力量。

2. 培养和引进高端领军人才

在包括千人计划等国家重大人才计划的基础上，围绕人才战略的具体要求，重点引进高端的科学家和研发团队，为科技研究和新兴产业的发展提供支撑，在高端领军人才的培养方面，支持高端人才和研究团队积极参与到国际市场和联系中去，通过对国际市场的不断熟悉和与国际联系的不断加深，除培育人才队伍的专业素养和水平外，也会吸引较多优秀的人才团队和优质资本，为创业提供更高质量的服务和资金支持。

3. 提高人才队伍的专业质量和水平

（1）对公司高层管理人员，提供相关的培训课程，提高高层管理人员对公司业务的熟悉程度和整体的管理水平。

（2）改善人才队伍结构，培育创新创业后储人才，支持新兴产业的发展和高端技术的研发。

（3）加快构建研发基地，成立一批重点学科，积极参与国家及国际的重大项目，提高研发团队及带头人的研发创新能力。

（4）大力推进人员的职业培养，建立完善相关的培训基地，提高人才队伍整体的素质，为经济发展提供更加优质的人员。

4. 建立人员发展的平台和渠道

为人才发展提供广阔的发展空间和便利的发展渠道，实现人才全方位的发展，为人员创新能力的培养提供更加宽松的环境，根据社会经济的发展需求，合理安排人员的配置，避免人才的浪费，充分利用其价值。企业在高等院校和科研院所设立人才培养试点，并联合培训机构设立实训基地，为培养人才提供便捷通道，同时通过建立产业技术联盟的方式，大力引进顶尖人才。最后要注重人才信用管理，加大相关的环境建设。

（二）通过打造国家创新中心来为科技金融发展提供支持

1. 建立完善资本市场

资本市场的运作水平和层次将会影响到实体经济的发展，完善金融市场不仅需要从体制层面上进行持续的深化改革，而且要从金融服务层面上提高服务的质量和水平。根据创新活动发展的具体要求，提高多层次和全方位的配套服务，保证创新工作的顺利进行。集聚和发展示范区内境内外股权投资和创新投资，对创新型企业进行改制，完成企业上市。通过总结证券公司代办股份转让系统、天津非上市股份公司报价转让试点经验，研究公开转让制度存在的漏洞和缺陷，并不断进行改进和完善，为非上市股份公司的发展提供更加有力的环境。除了注重资本市场的发展层次外，还要注重资本市场的发展空间，对资本市场不断延伸，在债券方面，可以联合有实力的技术企业共同发行债券，提供公司总体的融资能力。并顺应国际市场发展浪潮，并购重组同一领域或者不同领域的企业，支持企业的快速发展。

2. 大力开展科技金融创新试点工作

围绕科技金融的发展要求，先行在部分地区开展试点工作，丰富科技投入的方式，提升整体的创新能力。

（1）为提升银行金融机构和证券公司的服务质量和水平，大力开展相关的试点工作。

（2）为避免贷款过程中存在的各种风险，设立专门的补偿基金，并要涉及不同领域和范围。

（3）根据现代企业信用的设立要求，建立更加专业化的贷款评审流程，由该领域的专业人士负责评审工作。

（4）为科技型公司设置专业的担保公司和担保机制，担保工作具体涉及商业银行、担保机构和信用中介这三个部门，商业银行主要负责贷款工作，担保机构主要负责担保工作，信用中介机构主要负责信用评级工作，加强这三个部门之间的联系，保证担保工作的顺利进行。

（5）扩宽企业的融资渠道，为企业发展提供更多的资金支持，并完善配套的金融服务体系，加强贷款与投资之间的结合，丰富其结合模式，落实股权出质和出资、动产抵押的登记工作，建立完善的评估制度和质押流程，推进无形资产评估质押工作的顺利进行，解决小额贷款公司和科技型中小企业融资难的问题。

（6）为扶持高新技术企业的发展，设立科技保险基金，为企业提供保险担保工作。

3. 提高科技金融服务的质量和水平

科技金融服务涉及金融信息和市场交易这两方面的业务，探究开发新的合作方式，突破两者之间发展的障碍，加强两者间的联系，建立健全多样的科技金融中介服务，建立完善资产的信用评级制度，对资产进行有效评估，并提供融资担保，并建立健全相关结构，提供配套的专业服务。

（三）建立技术交易中心并创制核心技术标准

1. 全面部署国家知识产权

知识产权的发展对地区乃至国家的发展会产生长远影响，因此，要想实现天津地区技术能力的提升，需要对天津国家自主创新示范区进行严格的战略部署，持续对涉及知识产权的体制机制进行创新，并大力推广、应用到实践中去，提升本地区的综合管理水平，推动知识产权的建立完善。高新技术企业作为推动经济发展的强劲动力，与之建立技术方面的合作，在专利和商标方面，完善相关的制度建设，加速推进自身品牌的建设，培养具有国际影响力的品牌，提升产业的综合竞争力。根据知识产权和专利权的发展需要，建立完善服务经营体系，推动其发展。随时监控知识产权和专利权的具体实施情况，并进行动态管理，建立完善的考核标准，对知识产权和专利权进行全方位的考核。设立明确的侵权标准，加强对知识产权风险的管控力度，并扩大其管控的范围，推动知识产权的健康发展。

2. 推进示范区内产业向着标准化方向发展

（1）大力推进重大技术标准创制项目，包括电子信息、生物制药等多个重点领域。

（2）在高技术产业和新兴产业领域建立严格的标准，规范产业技术的研发，使产业技术的发展符合两大行业的发展特征。

（3）根据产业链的上下游关系，在企业间建立联盟，持续完善产业技术标准，并将产品快速地推向市场，用于生产实践和应用。

（4）提供良好的政策环境，增大对标准化组织的吸引力，并支持组织间建立合作关系，加强相互间的沟通。

3. 提升知识产权的价值创造能力

（1）建立完善服务平台，及时推送相关公共信息，实现知识产权信息共享，并将收集的信息及时纳入知识信息库中，推进产权系统和信息库的建立完善，注重系统的集成建设。

（2）建立公共交易平台和技术交易所，平台涉及知识产权的交易，充分利用互联网技术逐步形成交易网络，并逐步进行延伸，研发完善一系列的服务功能，包括技术产权挂牌竞价、交易等服务。

四、推进开放创新与合作

推进天津示范区建设，依托于自身的区位优势，明确示范区的功能定位，围绕对外开放的战略要求，将示范区打造成为开放创新与合作的重要基地和国际化城市，与全球各地建立紧密的网络连接，参与到全球各地的合作与交流中去，使天津以更加开放创新的姿态参与国际市场中去。

（一）拓展国际化发展渠道

1. 加快融入全球研发创新体系

以天津示范区的创新资源为基础，重点突破研发、设计环节过程中出现的困难。由大型企业主导，汇集社会各界的创新资源，在示范区内部设立相关的研发部门。大力引进高端的研发机构，共同参与国家科技项目的新模式运行，推进科技快速发展，就双方的合作计划，由企业和新型产业组织共同参与制定，并持续细化，以严格的标准推行项目的运行，并持续进行应用和推广。鼓励有实力的企业进行海外投资建厂，提高对创新研发资源的利用效率。

2. 推进企业国际化发展

设立专项的发展资金，支持企业业务向海外市场延伸，持续提升软件开发和生物技术研发能力，促使相关外包业务向海外市场拓展，同时增强企业自身的海外维权意识，提升企业在国际市场中商标注册的比率，对海外企业采取援助的方式，同时大力开展双边及多边的合作方式，鼓励企业在国际市场中积极承担工程项目，针对企业出入境手续，提出简化的方法，给予更多的优惠政策，优化国家的外汇管理制度，支持和指导相关的国际认证活动，推进天津市平台建设向着海外市场延伸。

3. 充分利用、发挥国际创新资源

国际创新资源的有效利用将会弥补企业自身发展的不足，因此，围绕国家重点工程、项目的需求，积极引进国外的先进技术和产业，掌握外资企业的关键技术，并与外资企业之间实现并购重组，逐步扩大自身经营的范围，使企业得到全方位的发展。

（二）发挥国际交流平台的国际交流与沟通作用

汇集社会各界组织和各界人士的共同力量，联合推进平台的建设，加强各组织之间的沟通与交流，探索交流合作的新方式，为创新活动的开展提供支撑，并借助知识科技园的技术优势以及创新资源密集城市的创新优势，探索三者之间的深入交流合作，以此壮大中小企业的实力，持续吸引创新资源。随着国内市场的日益激烈，鼓励中小企业发挥自身优势走出国内市场，创造属于自己的国际品牌，并以中国天津科技产业博览会、天津论坛为平台，向全世界积极展示属于自主创新的发展成果。

（三）加强国内创新合作交流

1．推进京津冀区域创新合作体系的构建

在京津冀地区，推动整个地区的协同创新发展，需要不断地发挥天津的重要作用，带动整个地区的聚集区间的战略合作，在重点产业间形成关键核心技术联盟，并建立合作平台和机制，推进重点产业的发展和创新。承担北京科研的疏导工作。为进一步促进示范区技术、产品、服务、品牌及模式的发展壮大，努力打造相应的输出渠道，把整个地区打造成为区域创新中心。使天津成为知识创新和技术研发中心，提升在全国市场中的竞争实力，并培养高素质创新人才。

2．实现跨区域的创新协作

大力支持大学科技园和孵化器，发挥其关键性优势，推进成果的持续转化，为科技创新贡献力量，并向着产业化的方向发展，并在示范区和其他区域建立产业基地，推动高新技术产业的发展和区域间的协调发展，逐步实现向全国范围内的转移，向全国范围推广介绍。

五、战略部署城市空间结构

根据天津市城市规划的总体要求，重视园区内基础设施建设，并大力发展，突出园区的功能定位，并按照土地集约的原则，大力发展产业园区内的重点产业，提升产业和园区功能的聚集度和土地资源的利用率，并对园区内的基础设施进行整体的布局和规划，适当调整其规模，保证一个示范区由多个园区构成，实现园区的协同发展。

(一)优化调整产业空间布局

产业空间主要包括空间内部的资源和创新空间，借助于天津国家自主创新示范区的发展平台，对园内产业空间进行统一的战略部署，例如：由华苑科技园、滨海科技园和塘沽海洋科技园构成的天津滨海高新区的核心区，并以这三大核心区和一个示范区内部二十一园区的建设标准为基础，开展相关拓展区的建设，随着不断发展壮大，逐步发展成为重要的核心区域，推进天津国家自主创新示范区的发展。

(二)推进天津滨海新区中心商务区的建设

滨海新区中心重点发展商务板块，到目前为止，已经成为天津自由贸易试验区的关键核心部分，该区聚集大量金融方面的资源，成为天津市金融业最为繁盛的区域。在自身发展基础和发展情况的基础上，借鉴国外的发展经验，灵活将科技创新经验运用到具体实践中去，目前，已经逐步将发展的范围扩展到滨海新区中心商务区领域，充分发挥地域优势，加快金融和人力资源的聚集速度，推进相关领域的发展和创新。

(三)推动高银金融117大厦的科技创新建设

天津滨海高新区的高银金融117大厦，目前大厦内设有办公地点、酒店、旅游观光和精品商业商务等业务，而缺少科技创新元素，我们认为未来应当通过规划和招商引资，根据美国纽约“硅巷”的发展经验，对大厦内的业务进行适当调整，并向大厦内注入科技创新要素，借助周边科研院所、多所高等院校和3万多中高级科技人员，在研发方面和商务方面加大投入力度，并以这些方面为主体，实现大厦全方位、多层次发展，为天津国家自主创新示范区的发展增添新的特色。

(四)加强各园区的联动发展

建立相关产业基地，加速科技教育资源向示范基地的聚集速度，实现工业的产业化发展，明确各园区的功能定位，并丰富自身功能，建立良好的合作交流渠道，加强各园区之间的联系，保证各园区能够顺利完成各项工作。各园区根据自身产业的类别，大量汇集与产业相关的资源，扩大自身规模并形成产业集群，各园区加大技术研发的投入力度，掌握自有关键技术，提高园区内的产品和服务的专业化水平。不同产业园区结合自身发展需求，提升在不同产业、不同价值链环节的产业集聚度，建立优势互补和分工协作的园区发展格局。最后需要紧紧围绕城乡发展要求，以高技术产业发展为推动力，建立“一城多园”的格局，实现城市化和新农村的发展建设。

（五）系统谋划基础设施建设

1. 建设便捷高效的绿色交通体系

统筹区域发展，建设与管理齐头并进，并本着适度超前的原则，完善地区交通规划、建设、运营、管理和服务等方面的统筹对接，对示范区的道路进行改造和建设，推进产业基地与城区间的公共交通建设，推进示范区交通体系向着智能化、高效化、快速化和复合型的方向发展，完善示范区交通体系的网络和整体布局，提升总体服务水平。

2. 构建便民宜居的生活基础设施

示范区域的行政建制区县的生活基础设施是需要各组织机构共同建立的，由居民共同管理、共同享有，重点注意基础设施规划、建设和管理等方面的协调发展，并加快建设周边相关的服务配套设施，完善示范区内的科技教育、医疗卫生和文化娱乐等方面的服务。

3. 推进现代化基础设施建设

现代化基础设施主要是网络设施的建设，围绕市政的网络使用情况，进行统一的安排部署，推进信息基础设施的建设，实现全覆盖。并建立完善新一代通信网络基础设施和数字电视系统，并逐步构建方便、快捷、安全的发展环境。

（六）提高土地资源集约化利用

1. 提高城市建成区土地资源利用率

围绕城市建成区现有的土地资源，进行统一的规划部署，并进行深入挖潜。首先，明确城市建设区的总体布局和功能定位，对产业空间进行整合，实现建成区的功能升级，合理安排建设区内的建设时间；其次，创新发展新的运营模式，以金融与创新相融合的方法推进建设区的整体物业水平，在部分地区先行建立相关的投资基金，鼓励地产投资采取信托的模式，实现产业集群化发展。

2. 统筹规划和集约利用集中新建区土地资源

按照土地集约利用的原则，统筹规划新建区土地的整体布局，根据研发型、总部型和服务型产业的具体要求，推动示范区产业的优化升级，根据各个示范区的主体功能，对不同产业聚集区进行规划，并根据规划要求进行指导建设。根据指标体系，建立全方位的评价机制，动态评估该地区的土地情况，保证评估的合理全面，提高土地利用的集约程度。建立相关的制度，为孵化器的产业配套设施的使用提供更加标准的规范，将示范区原有外延式的开发方式转变成为内涵式的开发方式。

3. 建立健全土地利用管理制度

按照土地集约的原则，合理调整不同行业和类别的土地使用情况以适应示范区的总体用地需求和布局，根据土地资源的使用情况，通过持续改革土地使用制度来扩大土地使用的规模。根据示范区土地使用具体情况，随时更新示范区土地的相关信息，避免出现土地未被合理使用或者过度分散使用的情况。为改善企业用地转让和用地闲置的现象，建立相关的流转机制，规范并监督土地的使用，提升项目管理的水平，规范企业（项目）准入审核制度及门槛。

（七）进一步推进示范区生态建设

1. 实现循环经济

鼓励相关部门和企业提高资源的利用，并以相关的政策制度严格要求，提高生态体系的绿化覆盖面积，推进可循环系统的建设，降低总体二氧化碳的浓度。在固定资产项目的评估审查的过程中，以节约资源为重点考核对象，鼓励企业不断进行技术研发来突破节能减排技术。以因地制宜的建设标准和国家循环经济示范工程的要求，统筹规划产业基地和园区的整体布局。

2. 加强环境保护

大力引进相关制度，严格规范环境准入的限制，实现环境保护和经济的协调发展，提升环保基础设施的建设水平，并进行整体规划运营，提升整体的服务水平和效率。对生态较为敏感的地区和重点区域进行重点保护和分级控制，推动城市绿化建设，建立专业的生态隔离工程。

六、营造创新型友好环境

大力营造出创新型友好的环境对于一个国家、地区建成创新型策略安排是必不可少的。首先，必须突破体制内的自有束缚，从而创建和完善自主创新的政策目标。其次，政府部门要充分担当自身的责任，使政府职能朝着创新型国家战略的方向加快转变的步伐，从而加快建立以工会、商会、社会组织等为主要组成部分的完整创新服务机制。最后，要更加完善社会公共保障体系，把为人民服务做到实处，把天津建设成最有活力的创新城市之一。

（一）推进重点领域改革

1. 深化科技体制改革

首先，提倡示范区展开科技管理试点活动，以便找到政府与科学管理之间最佳的一种平衡关系，发展以公共服务为基础、市场需求为导向的科学管理的方法。其次，鼓励示范区中科技方法使用的长期性，倡议政府部门对这种公共活动可以给予大力的支持，以保障每年、每季度对其有一定的投入，从而找到创新的新方式，鼓励民营企业投资科技领域，进一步提升企业对创新的投资力度。推进示范区内企业进行自我体制内的改革，从而建成现代化企业。加速示范区内企业的公益创新改革，使该制度更加的完善。

2. 提高政府协调管理能力

为了提升政府的协调管理能力，促进试点区内相关问题的有效沟通，首先，在示范区内对教育、医疗、交通、经济等重大问题进行试点改革。加强对示范区内政府有关行政管理能力的改革提升，提升政府在公共服务及行政管理方面的能力，最终建成有责任、有担当、有服务、高效率的政府，充分发挥政府在新型产业发展中的积极作用。天津市政府应起草发布相关的法律法规，为其发展提供相应的法律保障。

3. 改进政府服务方式

政府部门加强建立有效率的行政审批制度，深化完善其制度的内容，加强各部门之间协同合作、信息交流，尽最大可能简化审批流程，降低门槛。天津市政府已经在部分示范区试点关于行政审批权下放的政策安排。加强政府事务的公开制度，增强其实时性、真实性、有效性，全面建立政府相关部门的行政监管和信息发布制度，促进政府各部门之间关于审批制制度相关的资源共享，以达成协同办公的目标。寻找适应新企业注册登记管理需求的新制度、对新企业监督的新方法，加强对创新型企业知识产权问题的有关保护。为更好地建成创新型企业的服务体系，要全面加强企业、社会和政府三方更好的互动。

（二）创建完善创新创业的政策发展体制

1. 构建促进企业创新的政策体系

大力引进国内外先进的创新科技政策，吸收其精华，鼓励各方积极将各种创新方式应用到实际的操作、生产、管理和办公中，实现部分新型企业先实现更好更快的发展。开创政府资金大力支持新型企业科技创新发展的新方向，大力支持创新型企业的成立及创新方面的支出，适当减免公司所得税，使创新型企业的创新活力源源不断。

2. 加快产业创新发展政策体系的构建

根据示范区重点产业的发展需求，在政府部门以及社会力量的积极作用下，建立有效的资金支持渠道。大力推动天津市新型产业新政策的实施进度，加快建成新兴产业链和新兴企业的步伐。天津市政府借鉴国内外优秀经验，用于示范区企业的新科研成果的开发和创新。

3. 优化创新创业人才发展的政策体系

增强天津市有关人才方面的重视力度，建成以人才为基本，全面完善创新型、创业型人才的国内外引进、优质培养、高薪聘用等相关的政策，鼓励创新创业人才在新型企业和科研院校之间的流动，做到人力资源的高效利用。根据相关的法律法规、政策保护、制度支持，加大对示范区的财政投入力度。伴随着新政策的实施，发现不足，改正不足，制定更有利于创新创业人才将研究成果转化为产品的新政策。针对创新创业人才引进遇到的阻碍逐步逐一的解决，提供相关的政策支持。

4. 加速构建科技金融创新的政策体系

针对创业初期的企业投资提供政策优惠，使他们的投资风险降低至最低水平。鼓励政府部门与各种商业机构建立长期有效的合作关系，互帮互助，健全企业与个人的信用问题，将一些不良的问题扼杀在摇篮中，使得商业机构更有针对性的为新型创业企业提供各种金融服务。

5. 健全知识产权保护、转让和交易的政策体系

天津市示范区针对建设创新成果交易中心的需求，应该结合法律法规、政策制度方面的有效方法，加强保护企业以及个人在创新科研方面的成绩的保护力度，加大对维护知识产权的重要性及必要性的宣传。为避免不必要的损失，应加大对不良企业、个人非法窃取知识产权行为的严厉打击。另一方面政府通过股权投资、股权激励等财政政策鼓励企业将重大的创新科研成果转化为线下产品，使其产品化、市场化，为后期创新科研成果的发展提供更好的政治和市场环境提供数据支持。就现在的市场而言，创新型企业可以通过对知识产权进行质押、转让等合法渠道，达到市场化的目的。

（三）建设高效的创新服务体系

1. 优化大学、科技园区和孵化器的创新服务能力

由于大学是新兴知识的集聚地、传播地，所以大学科技园起着承上启下的作用，应最大力度地鼓励其提升自身的创新能力，扩大辐射影响范围。为更快更好地提高孵化器的服务水平，要鼓励更多的企业、政府参与孵化器的建设和经营，促成孵化器的多方向、多元素的发展模式。

2. 建设创新型的社会组织

加强对创新型社会组织的建设，对试点区内各商会、协会等社会组织管理体制进行深层次的改革。我们要建立起企业为主、市场为辅的发展模式，同时也要快速转变政府的功能、作用，使企业、社会、政府三方面的合作愈发紧密。政府也应该投入更多的精力于社会组织服务制度上，鼓励社会组织在自己的服务领域中尽自己所能，提供最好的服务，来回馈社会。

3. 建成专业化的服务组织

加大对建成更加专业化的服务组织的关注、投资力度，并大力支持

和发扬各类已经具备一定专业化程度的服务组织。大力推动已经在国际上著名的服务机构，借鉴其长处。对各行业专业化的服务组织建设设定统一的衡量标准，对其规范进行约束。加强对组织的进入、退出机制、信息透明度、资源共享以及监督制度的规范。加强培训组织内从业人员的专业素质，还要对组织的价值增值功能进行最大化的发挥。

4. 加快企业信用体系的建设

对示范区企业的信用机制进行深层次的优化，加强对企业信用信息数据库、公共服务等平台的日常维护工作，鼓励和支持企业使用信用等级高的产品。企业应注重自身在日常生产、经营、管理、发展过程中有关信用问题的有效管理，提高信用意识。改善示范区的信用环境，为企业在信用交易过程中提供更安全性的环境。

（四）积极营造具有自主创新型的创业文化氛围

解放思想，以创新思维为主导进一步丰富示范区的创业文化内容，培育出一批具有创新精神、敢于探求，能够与多方面开展合作、具有不屈不挠的奋斗精神且积极回报社会的领军企业家，培育全新的创业企业家精神。大力倡导以注重科学、强化知识、重视人才为核心的社会风气，打造自主创新的民族品牌，弘扬产业报国的天津精神，塑造以“中国创造”“中国特色”“中国文化”为核心的品牌文化，为更好地建设示范区提供持久的内在动力。

（五）优化建成保障机制

1. 加强组织领导

示范区内领导部门负责组织方案布局的宏观调控，在制定好政策大纲的前提下明确职责分工，将工作机制彻底完善并落实各部分的工作责任。天津市政府在方案的实施过程中要负主要责任，实施过程中天津国家自主创新示范区领导小组要充分地发挥作用，除做好本职工作外，还要注重与其他规划的适应与协调。

2. 加强统筹协调

示范区内各部门在实施具体政策时，要以本规划布局为指导核心，要积极支持与本规划相关的规划布置、政策实施、体制创新等各个方面。强化各个部门之间的交流协作，共同合作协力解决规划布局实施过程中出现的相关问题。

3. 加强监督检查

本规划实施情况主要由天津国家自主创新示范区领导小组负责督促检查，应积极对规划实施的进度、现况进行总结和自我批评，并向国务院报告具体情况；使社会监督机制得到进一步的推进完善，鼓励公众积极对规划的实施进度进行监督、检举，增加透明度。

七、加强“产学研”合作

（一）支持重点领域技术创新联盟建设

推动天津市国家级自主创新示范区“产学研”创新联盟的建立。促进以天津国家自主创新示范区核心产业发展为对象的“产学研”创新联盟的建成，实现产业核心和共性技术的行业内共享，共同开发创新，共享既得利益，制定产业内的统一规范，共同实行、共同遵守，形成长期有效、持续稳定的合作联盟关系，以促成研发成果的市场化、产业化。大力鼓励创新联盟的推广及发展，鼓励其制定长期的以科技发展为基础的合作联盟战线，鼓励联盟的成员共同享用知识产权，支持联盟成员共同研发技术。

（二）支持重点领域企业与高校、科研机构共同承担重大科技攻关项目

支持在国家核心发展的领域中占领先位置的企业先与高等院校、

科研室所等进行深层次的合作，努力突破部分重要、核心的技术难题，以便推动天津市新兴产业的快速发展，早日在国内以至国际的舞台上站稳。鼓励企业加大对自身实力提高的资金、人才、制度的支持，只有企业的自主创新能力提高了，攻关核心技术便指日可待了。鼓励企业增加对技术创新、研发的投入，鼓励企业实施自主知识品牌的战略，攻克发展中遇到的重点难点技术。鼓励企业和高等院校、科研机构建立合作实验室、技术创新平台，实现部分核心技术的突破。

（三）支持重点领域龙头企业与高校、科研机构共建实验室（研发中心）

鼓励重点的领域领先企业和高等学校、科研室所等部门建立联合实验室，以便将世界上优秀的顶尖的创新科技产品市场化，以及已经在世界上有名气的本土企业做大做强。根据现有的创新成果，跟随国家政策，在国家重点发展领域以及天津市重点发展领域等多个领域，建设一批有针对性的着眼于未来的工程，这些工程主要结合企业的公司化理念和运作模式，针对有一定实践经验创新技术的企业，使创新科技成果产品化、市场化。根据产业的集中化管理这一特性，建造专门的创新科技成果产品化、市场化示范基地，使创新科技成果拥有坚强的后盾，距离产品化、市场化又近了一步。建立能相互协调的战略性新兴企业、高校、天津市政府三方有关创新科技成果的转移机构。在战略型新兴企业发展过程中遇到信用、资金、资源等方面的问题，更加需要一个可以协调沟通企业、高校、政府的机构。为了企业更长远的发展，企业可以利用本企业的硬件资源来帮助高校、科研机构开展理论转化实践的工作，对于成果的利益分配的机构也要应运而生，保证创新科技成果不被某一方垄断。

（四）支持高校、科研机构的创新平台向中小企业开放

为了支持战略性新兴企业的发展，协调沟通使国家工程研究中心、国家重点实验室、部级重点实验室等多个部门面向企业进行开放，企业与企业之间也可以联合起来共享资源，共同开发新项目，遇到问题共同攻克，形成一个科技成果相互交流的良好的政治、市场环境。在控制“产学研”合作沟通成本的同时，增加其交流的频率，保证效率。推动高校和科研院所之间的相互合作，在其领域内建立一个共同开发的机构，针对企业发展中遇到的技术难题进行攻克和解决。建立高校的科技人员和企业的自主研发部门员工之间的有效沟通渠道，使理论与实践更好地结合，创造出国际领先的新科技。

（五）重点建设一批“产学研”合作平台

推动建设“产学研”合作基地。鼓励“产学研”合作，发挥“产学研”合作基地的特长和优势，企业从“产学研”基地的成功案例中吸取经验，改进自己的不足。大力推进“产学研”载体的丰富发展，比如，大学科技园、孵化器等，通过创新人才的培养、企业孵化等项目向企业提供更多的资金、政策、沟通渠道的支持，使得“产学研”合作得以平稳发展。激励推进天津市战略性新兴企业与国外的科研机构、企业等建立研发机构共同研发。鼓励“产学研”等各方建立创新信息共享平台，如呼叫平台、网络平台等，使“产学研”合作基地能够通过不同途径及时了解新的创新资源及信息。鼓励其为企业进行在成果评估、可行性分析、法律法规咨询等流程上的服务，鼓励“产学研”更好更快地合作。

（六）办好天津“产学研”成果展示暨“产学研”洽谈会

筹划举办天津产学研成果展示会及洽谈会，一方面为企业、高校、科研所之间通过创新科研成果展示等方式搭建有效的交流沟通平台，

帮助企业了解最新的科研成果资讯，随时调整本企业的科研方向；另一方面帮助高校、研究所把握最新的市场信息，了解企业最急切的需求，最终提高“产学研”合作的水平。

（七）加强培育“产学研”合作人才队伍

一方面鼓励科学技术人员在企业就职、积极参加团队项目，建立项目；另一方面使企业不定时地安排本企业自主研发部门的员工到高校及科研院所等地方交流和学习，从而保证企业和研发院所间的良好沟通。这样不仅可以降低企业成本，还可以提高合作效率，一举多得。

鼓励自主研发部门和科研院所成员之间积极协商与交流，更快地攻破企业在技术层面遇到的难题。鼓励企业与高校及科研院所强强联手，邀请院士作为企业的技术顾问，解决企业在技术方面的难题，进而带动学校学生也参与其中。发挥企业的博士后工作站的带头作用，一方面以吸引博士学位的毕业生；另一方面鼓励企业和高校共同配合来培育博士后，让他们把理论变为实践，为企业创造更多的价值。加强引进高等学府的优秀学生进入企业实习，实践中的锻炼与培养，从而使学生的所学运用到实际中，达到“产学研”互相合作的目的。引进创新型高等人才。实施“千人计划”来对高等的创新型人才进行引进，邀请高等的创新型人才入驻天津市国家自主创新示范区，为其提供环境、政策、资金等方面的良好机制，使其积极主动地围绕“产学研”体系为天津市的战略型新兴产业的发展贡献自己的力量。

（八）加强建立产学研合作保障机制

1. 完善组织领导

对天津国家自主创新示范区“产学研”合作推进机构加强建设，对“产学研”创新体系建设方案得以制定和实施，对体系建设的重点及难点任务进行合理规划，使各个企业相互合作。建设示范区“产学研”合作推进专家委员会，目的是让专家审核技术路线图，从而可以清楚地判断专项的成果是否已经实现了初期的目标。

2. 促进财政资金发挥作用

建设天津国家自主创新示范区“产学研”合作专项资金，使得稳定的经费支持途径得以拓宽，对建设“产学研用”创新体系进行保障。对财政补贴资金要拓宽其来源，运用多样化资助方式，如奖励、补助、优惠、贷款贴息、政府购买服务等途径，吸引全社会的资源都来对企业技术创新加以支持。

3. 通过金融支持“产学研用”创新体系

加大对信贷支持的力度，用众多手段吸引和鼓励政策性银行、商业银行等对企业实行贷款贴息、降息。加大对科技创业投资、科技型中小企业创业投资的引导力度，使其得到充分发展，让金融机构、地方政府等机构以及许多民间资本都参与到科技创业投资项目中来。

4. 对“产学研”合作制度体系进行完善

“产学研”合作制度涉及多方领域与内容，为了使其发展得到保障，也为了持续、高效地进行合作，完善制度体系是必不可少的。

八、充分发挥滨海新区在建设天津国家自主创新示范区中的作用

（一）提高其发展定位

2006 年 6 月 5 日国务院发布的有关滨海新区的定位意见如下：以京津冀为依托、面向东北亚、辐射“二北”、服务于环渤海，竭力建立能够作为中国北方区域对外开放的门户、北方国际航运中心及物流中心以及具有高水准的研发转化与现代制造业基地，从而逐步建成具有优美的环境、社会和谐、经济繁荣的生态性、适宜人们居住的新城

区。在所有定位中与产业有关的定位是“高端的研发转化与现代制造业基地”这一定位。在全新的背景下，滨海新区旧模式，即依靠制造业的大发展这种模式所面对的是转型的需求。天津市国家自主创新示范区的批准为有关政策方面的发展指明了全新的方向。所以，所提到的与产业相关的这一定位，应该更多地重视“创新发展”这一层含义，通过对旧制造业实行转型与升级，并且在研发转化层面应该更多地注重创新。并且在“一带一路”的倡议蓝图下，天津自由贸易试验区实行自由贸易的发展模式，从而建立经济的升级版。在京津冀三大区域性的协调共同发展过程中，作为重要的承接平台，天津滨海新区应当设立合作共赢制度，发展以重视创新与研发为特点的滨海技术创新以及与北京的知识创新具有差别化的途径，以有利于各个相关地区的发展。

（二）进一步优化产业体系

推进“产学研”协调共同发展，建设自主性创新功能区、示范区以及能够与街道各个有关层次相融合的产业汇聚模式。自主性创新示范园区的侧重点在于对服务于产业发展的有关特色产业群的培植。

截至目前，在国务院签发的“中国制造2025”所提出的重点产业中，天津市滨海新区功能区的支柱产业占其中的十项。在未来的发展过程中，还应注重在大数据、信息技术产业、新工艺、新材料和新能源、航天航空领域以及文化创意、海洋装备与健康等相关产业的具有特色化的创新型发展。例如，以“数据云”为依托，从而致力于教育、卫生和医疗等的大数据分析及信息技术创新、3D、互联网医院和智能家居都依托这一技术基础；以航天航空领域的绝对优势为依托，最具代表的新材料应用，是与其相关的国营、民营企业节约创新成本缩短市场应用和变现周期的强有力保障，以临港创新园区为依托，研发高端设备；汽车产业的核心技术是混合动力与清洁能源驱动等，该产业的关键零部件制造将推动新能源汽车的发展。除此之外，推动吉林、茶西、大港、胡家园、小王庄与港西等街镇工业园区的建设，从而推进小微型企业及民营经济的迅速发展。

（三）努力培育空间环境

滨海新区为了能够培育出合适的空间环境，需积极主动供应与创新示范区所匹配的设施，从而推动产城交融。还需要依据存在差异的人才需求这一特征，来供给较为全方位的相关设施及相关资源。比如，建立完善的保障性住房政策和配套，能有效降低年轻创业群体的生活成本，提高生活质量，还可以通过建立和完善特色的具有吸引力的商务文化等牢牢地稳住高端人才并不会随意流失。与此同时，交通是否通畅，是否便捷已经成为出行、会议及商务等活动的根本条件，必须引起高度重视。因此，天津站、滨海机场等需提供更为优质高效的服务。另外，还需改善天津的轨道及公共交通的建设。

除此之外，为了培育空间环境，在产业层面还需留有足够的空间以支持创新产业的发展，并且在空间利用上进行科学布局，迁移高污染、高消耗和技术落后的生产型企业，形成具有混合多元化又集中高效的发展布局，准备一些合适的创业空间类型留给小微型企业。以创新示范区为依托，创建高等教育科研园区，并且在科研园区周边建立相应的实验机构、数据库以及技术沟通交流平台。

（四）培育新的创新增长点

根据之前自主创新示范区的发展规律来看，示范区将会不停地壮大发展，创新型城市以及相关产业会随着创新园区的发展而有所发展，据此判断，所需要做的是超前判断并培育新的创新增长点。依据滨海新区的实际状况，将创新空间进行如下的分类：

（1）根据发展的历程进行分类，分为提升及创新型发展模式与初期预留型发展模式（分类见表 4.1）。

4.1　创新空间分类（按发展阶段）

发展模式	内　涵	典型片区
初期预留型	对于规划工业区尚未建设片区、起步区着重科研建设	轻纺起步区和核心区
提升及创新型	对于已有工业区，选取适宜片区进行转型升级	开发区西区东南组团、大港开发区

（2）根据其主要功能进行分类，分为生态智慧人文型、科技工业型、科教园区型以及金融创新型四种类型的发展模式（分类见表 4.2）。发展这些全新的创新增长点，则需预先进行空间的各方面的工作准备，一般包括人居环境的打造、轨道交通的便捷等方面的相关工作。

4.2　创新空间分类（按核心功能）

发展模式	内　涵	典型片区
科教园区型	依托已有基础，预留大学园区	南部大学城、滨海新区核心区周边
科技工业型	依托产业功能区，进行核心区的创新示范	开发区东区、临港区、轻纺区等
金融创新型	依托金融及商业商务成熟区，服务实体经济	于家堡金融区、开发区 MSD、北塘
生态智慧人文型	培育创新创意园区，增加智慧、生态、文化艺术创意园区	生态城、海河沿岸

第三节　天津国家自主创新示范区与天津自由贸易试验区协同发展的对策

目前，天津正处于加快建立国家自主创新示范区和自由贸易试验区阶段，为了扫除束缚创新的各种障碍，自主创新示范区始终以体制、机制创新为重中之重，依靠创新助推增长方式的转变，提升发展水平。天津自由贸易试验区坚持围绕制度上的大胆创新，努力为开展商业活动提供方便、良好的环境，促进生产力发展，收获一批改革成果，使之加快复制和推广。因此，为促进新一轮改革开放，加快转型升级，我们要全力推动天津国家自主创新示范区与自由贸易试验区的协同发展，从而发挥两者的合力效应。

一、天津自由贸易试验区的发展简述

（一）天津自由贸易试验区的成立

天津自由贸易试验区地处天津市的滨海新区，性质是区域性的。天津自由贸易试验区于 2014 年 12 月 12 日正式挂牌成立，是我国的第二批试验区。天津自由贸易试验区接近 120 km^2，主要由 3 个片区组成：滨海新区中心商务片区、天津港片区、天津机场片区。其中，滨海新区中心商务片区面积共计 47 km^2，在这片区域主要汇集了天津市金融创新改革的主要企业，同时还是滨海新区的主要区域。而天津港片区的面积包含 10 km^2 的东疆保税港区在内，共计 30 km^2，主要用于发展国内和国际物流、国内外贸易以及租赁业。而天津机场片区的面积则为 43.1 km^2，这个片区主要包括天津的制造业和生产型服务业等。

天津自由贸易试验区是将投融资、国内外贸易和制度创新结为一体并推动京津冀协同发展。试验区的主要任务是要创新制度，基本要求是发展道路可复制以及能够推广。试验区在战略目标和发展定位上借鉴了上海的发展经验。目标是通过制度创新，使天津自由贸易试验区不但能够推动周边地区的协同发展，也成为全国试点的排头兵，最终使天津通过滨海新区走向世界，成为世界性自由贸易园区。

天津市政府成立的“中国天津自由贸易试验区推进工作领导小组”目的就是为了推动自由贸易试验区的科学和协调发展，通过领导小组的统一组织和领导，加速推动自由贸易试验区工作的顺利变革及开展。天津还成立了中国（天津）自由贸易试验区管理委员会（简称天津自由贸易试验区管理委员会）。管理委员会的主要职能是组织职能、协调职能、统筹职能以及实行自由贸易试验区创新及改革任务的职能。此外，试验区还设立了三个区域办事处：滨海新区中心商务片区办事处、天津港东疆片区办事处及天津机场片区办事处。这些办事处的主要职责是协同解决本区域内的社会管理相关的详细事务和相关的经济管理事务。

（二）天津自由贸易试验区取得的成效

截至 2017 年底，完成 90 项改革，175 项制度创新基本完成，4.5 万户市场主体被新增，超过 1.6 万亿元资本被注册。2017 年，三个片区实现 226 亿元一般公共预算收入，增长 11.4%；实现 28 亿美元实际利用外资额，增长 12.1%；2 560 亿元外资进出口总额，增长 32.8%，创造了天津市地区生产总值的 12%、一般预算收入的 10%、实际利用外资额的 1/4 和外贸进出口额的 1/3。[①]目前在天津开发区、高新区和保税区三个新区是自由贸易试验区的服务外包示范区，各个新区凭借产业聚集和物流便利，进一步拓展了外包服务的发展。通过截至目前的数据统计，服务外包示范区的发展稳步上升，对整个试验区的收入贡献率超过 70%。现如今，在开发区的服务外包企业中，已经有很多国内外巨头公司，如惠普、渣打、腾讯等，分别在天津落户。滨海新区的服务外包已经向“互联网 +”和大数据时代靠拢，这对滨海新区的高新技术产业的产业聚集是一个非常有利的方面。

截至 2017 年 2 月的数据显示，东疆保税港区共完成了 858 架飞机的组装，其中包括了商务机共计 134 架、大型飞机共计 648 架、训

① 证券时报 . 天津自贸试验区建设取得阶段性成果 [EB/OL].(2018-5-29).baijiahao.baidu.com/s.

练机等作业用飞机共计 76 架，还完成了 11 座海上钻井平台的租赁业务以及国际航运船舶的租赁业务，在这些大型设备的租赁业务上，累计产额高达 510 亿美元。在东疆保税港区的租赁业务蓬勃发展的条件下，“一带一路”的倡议也能共同发展，可以通过租赁业的发展，吸引企业聚集，加入到“一带一路”的发展行列中。

东疆保税港区也与阿里巴巴合作，建立了 1 688 进口资源平台，线上线下双形式，主要是进行进口车的销售和展示。1 688 进口资源平台，是试验区的政策优势使电商巨头在此聚集，而天津作为北方的口岸和毗邻首都辐射华北的地理位置，也是成为北方进口资源窗口的一大优势。

随着“互联网 +”和云计算的推广使用，以及各行各业对第二代信息技术的融合运用，自由贸易试验区内的新兴产业飞速发展，例如，在中新生态城的华视网聚，在 2016 年独家收购了《大鱼海棠》《美人鱼》等著名影视作品，总计在 100 部以上，华视网聚还和很多移动互联网平台维持着持久的战略合作伙伴关系。而目前在中新生态城的这类企业，共有 1 500 余家，在税收贡献上，纳税额近 13 个亿。

(三) 天津自由贸易试验区管理机制

天津市人民政府于 2015 年 2 月 10 日第 48 次常务会议通过了《中国 (天津) 自由贸易试验区管理办法》的相关审议，并于 2015 年 4 月 17 日公布。《管理办法》分为总则、管理体制、海关和检验检疫监管创新、投资开放和贸易便利、发展环境、金融服务创新以及附则 7 章 54 条，并于 2015 年 4 月 21 日起开始实施。

《管理办法》的主要内容有：第一，鼓励和支持投资商利用天津自由贸易试验区的优秀平台促进“一带一路”倡议的推进；第二，激励和支持天津自由贸易试验区内的企业进行进出口贸易，推动内外贸易的发展，实现贸易一体化发展；第三，实行以清单形式列出与国民待遇不符的措施，并在外资进入时就给予不低于内资的待遇，为投资商的投资降低阻力，给予投资商贸易的便利化以及投资的开放化；第四，对特殊的海关监管区域和区内与区外货物的进出实行分类监管，包括企业账册管理制度、电子围网管理制度以及进出境备案、电子信息联网对比等，或实行货物状态的分类监管；第五，在金融服务方面，鼓励和赞成中外合资银行与其他外资银行在天津自由贸易试验区的建设，并展开在自由贸易试验区区域内大额可转让存单试点；第六，推进和鼓励租赁业的快速发展，在融资方面给予方便，扩大人民币在国际间的适用范围；第七，支持和鼓励自由贸易试验区在金融方向的改革创新。

天津自由贸易实验区管理层级如图 4.1 所示。

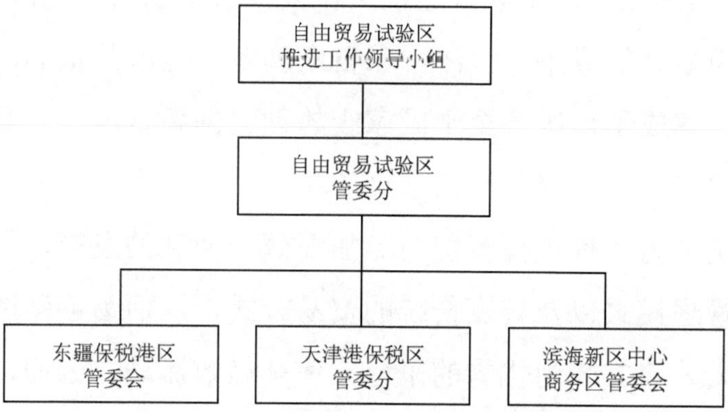

图4.1　天津自由贸易实验区管理层级

二、天津国家自主创新示范区与天津自由贸易试验区协同发展的基础

天津国家自主创新示范区与天津自由贸易试验区各自的重点及特

色不同，但两者均具有协同发展所必须具备的条件及基础。

（一）天津自由贸易试验区“负面清单”管理方式使天津国家自主创新示范区能够更加快速地聚集高端的创新主体

天津国家自主创新示范区通过一段时间的发展，已然聚集了大批的国家科研院（校）所、工程研究中心、重点实验室以及多家跨国企业研发机构、世界500强企业以及科技型公司等。中国各自由贸易试验区目前均统一实行“负面清单”管理，并且已经渗入至自主创新示范区。“负面清单”这种管理形式除了明令禁止的相关经济活动以及有关的领域与行业外，其余的都以境内外资金统一为准则执行国民待遇，以招引越来越多的研发型企业、国外科研机构以及有关的创新服务组织，从而使天津国家自主创新示范区能够更加快速地汇集高端创新主体。

（二）天津自由贸易试验区发展模式特色鲜明，有助于天津国家自主创新示范区加快聚集创新人才

目前，国际化人才试验区建设正在天津自主创新示范区积极推进，取得了较为显著的成果。天津国家自主创新示范区是依靠高校、企业以及园区，建成了市级甚至于国家级的创业创新基地，并且成功吸纳了许多两院院士、市级甚至国家级的相关高层次人才。试验区设立的主要思想是：为了推进投资贸易更加高效与便利的发展，经过创新政府的相关管理模式以及转变传统的贸易方式，从而为创新的关键要素即创新型人才建立较为优秀的平台，使其高效流动。因而，天津自由贸易试验区这种独具特色的发展方式，更有助于自主创新示范区创新人才战略的实施。

（三）天津国家自主创新示范区的创新型产业集群，有助于天津自由贸易试验区加快完善对外投资服务体系

如今，天津国家自主创新示范区已产生一批以新能源汽车与新能

源等为主的先导产业集群和以新一代信息技术、节能环保、高端装备制造、新材料及生物等为主导的产业集群并日趋壮大，这些产业集群为天津自由贸易试验区实现资源的有效配置以及完善对外投资服务促进体系提供了强有力的支撑。天津自由贸易试验区革新了对国外投资的管理方式，在境外企业注册及投资项目等问题上，均推行以备案制为依托的模式，通过完善对企业运营以及境外投资等的相关信息的监督与检测、引导服务及有关的服务管理等，为天津国家自主创新示范区企业走入国际市场提供助力。

（四）天津国家自主创新示范区良好的创新创业环境，有利于天津自由贸易试验区服务业扩大开放

天津国家自主创新示范区初步形成“小机构、大服务”格局，积极强化“简政放权”“一站式”等服务，效果显著。目前，很多市级机构的审批事项改由自主创新示范区管理机构审批，形成更加宽松和方便的创业创新景况，从而更加有利于吸引更多种类的投资机构在各个地区落户，进而有效促进试验区的服务业进行开放。另外，依据天津自由贸易试验区总体方案的相关设计要求，天津自由贸易试验区要加速境内外投资者的汇聚并促使其辐射至自主创新示范区，以完成专业、金融、文化、社会与商贸等相关服务延至自主创新示范区。

三、促进天津国家自主创新示范区与天津自由贸易试验区协同发展的对策

（一）做好两者协同发展的顶层设计

在战略上，本着使两者一体化和协同发展的原则进行布局。天津国家自主创新示范区与天津自由贸易试验区在研究和制定发展战略时，要运用大战略思维，努力实现两者在战略目标和空间布局规划上

的衔接。

在制定两者发展规划时，注重两者规划布局的对接，要突出高度国际化，要超前设计好并准确无误地利用好创新资源及开放资源互动对接的切入点，金融产业要围绕科技产业发展的实际情况不断创新，为两者供应所需的相关优质金融服务。

（二）努力实现两者改革理念的协同

我们必须本着全球化、国际化理念促进两者协同发展。努力对接国际通行规则，改变的仅仅是国际科技创新规则跟随者的地位，我们要致力于成为制定国际科技创新规则的领跑者，努力汇集全球高水平创新资源，从而形成产品、技术、品牌以及标准的国际中心。充分发挥市场和政府的作用、实现资源有效配置是天津自由贸易试验区建设的中心理念，采用“简政放权、管放结合、优化服务”的策略方式，在开展投资和贸易上两者要严格按照国际通行原则进行操作，公布“负面清单以及相应的责任和权利清单”，经商环境要围绕便利化、法治化以及国际化的标准进行打造，使两者初步建起现代化市场体系，从而实现有序、公平又开放的竞争。所以，推动两者的协调共同发展，就是让自主创新示范区运用自由贸易试验区的创新理念及相关的改革经验以加快建设，改变政府功能，市场和政府共同发挥调节功能，为技术不断创新扫清道路，简化审批程序，取消阻碍新产品、新业态、新技术以及新模式准入的一切因素，努力消减资格资质及经营许可等程序，为企业的高速运行及创业创新提供方便。由知名企业家、科学家、创新企业、智库以及有关的社会组织等具有专业知识的人或组织共同协商定制相关重大项目的决策、财政科技的投入以及产业科技的规划等问题，成立有关的社团组织与行业协会等，发挥其在行业行规的制定与管理、行业的发展和人才评估等方面的作用。对科技创新主体，要增强“事中事后”监督，通过公示异常名录制度及企业年报等企业内部文化，加强对其进行随机抽查、全面清查以及重点检查。在知识产权问题上实现制度创新，通过刑事司法和行政执法的搭配使用共同解决知识产权问题，搭建统一平台为商标、专利、版权投诉和举报提供服务，在多元化机制下使知识产权纠纷问题得到有效解决等。

（三）加快构建两者协同发展的机制

（1）树立两者共同发展的资金保障体制。设立两者协同发展的专项支持基金，有效利用协同发展的各种平台载体以及新兴产业，吸引各方资金对两者协同发展加大投入，为两者协同发展提供资金方面的保障。

（2）加快构建促进两者协同发展的管控风险的机制。加快协同发展基金理事会的筹建工作，其成员人数及相关协商管理的职责均根据双方的认股份额比例大小进行决定，利益共同分享，风险共同承担。

（3）构建两者共同受益的协同体制。以公共基础设施为重点，围绕教育、医疗及交通等方面，共谋发展规划，通过利益共享机制的构建来强化监督投资的工作。

（4）实行让两者联席会议制度常态化。定期对发展的重要事项共同商议，通过互派联络员，对协同发展面临的具体问题进行及时的日常信息沟通。

（四）努力实现两者政策上的协同

天津国家自主创新示范区要通过制定科学的系列政策吸引和汇集创新资源，健全科技创新体制，建造能够促进创新成果加快转变的有效体制，通过技术创新网络实现国际间的开放创新和高水平合作。天津自由贸易试验区应制定与天津国家自主创新示范区协同发展的相关政策，并付诸实施，积累经验，为天津国家自主创新示范区建设提供经验借鉴，协同发展。天津自由贸易试验区应在科技体制和机制上大胆创新并付诸实践，充分运用境内外的资源以及市场，各个领域加快融合，促进各种要素有效联动，巩固国内外多主体共同合作，抢先建成国际化的创业创新体系。天津自由贸易试验区通过加快制度创新为科技创新提供政策支持，在科技金融结合、引进人才、国际国内合作等方面积累一些经验，从而构成能够促进两者协同发展的共享的政策体系。

天津自由贸易试验区的挂牌运行使天津国家自主创新示范区产生了两大主要部分：其一为非自由贸易试验区，包含了中心区域以及散布于各个区县的另外的 18 个分园，而这其中的另一区域则是和天津自由贸易试验区相叠加，主要囊括了空港、中心商务区与东疆保税港三大部分；因此，两者的协同发展同样呈现出两种模式：其中一种是和非自由贸易试验区相对应的非叠加区域的辐射联动，首先是将叠加区的创新成果复制粘贴推行至天津国家自主创新示范区的其余区，其余区无法超越的创新需求再经过叠加区的先行先试来摸索；而另一种形式则为叠加区的直接联动，主要表现为叠加区域的发展直接由天津自由贸易试验区的政策推进，天津自由贸易试验区的革新及强化通过天津国家自主创新示范区的需求进行推动。

(五) 将天津自由贸易试验区制度创新和天津国家自主创新示范区技术创新相协同

要努力深化天津国家自主创新示范区的科技创新功能和天津自由贸易试验区的投资贸易便利政策两者的协同与统一，发挥两者协同效应。企业创新活动走向国际化是大势所趋，天津自由贸易试验区在服务业上，要努力探索如何使之对外加大开放；在对贸易和金融监管上大胆创新，为技术创新提供更多便利，达到促进要素流动、降低技术创新成本的目的，激发技术创新主体进行研发创新的热情。比如，天津自由贸易试验区应通过改善的外资“负面清单”形式，聚集一批国际高水准的科技研发和技术服务机构、科技研发企业。试验区要积极改进海外的投资管理体制，鼓励具备条件的企业跨出国门，将境外优秀的科技企业进行并购，把我们的科研机构设到国外，和境外的科研机构进行更多的交流与合作，加快自主创新能力的提升。积极改进检验检疫、通关及保税等制度，提出具体举措并实施，使对外贸易更加便利化，为使企业节省技术创新成本和激发企业创新积极性，对企业创新所需的进口货物实行免税。对于海关监管等相关制度的实施，天津自由贸易试验区应通过实行“进区在先、报关在后”等措施，实行“一次申报、一次查验、一次放行”这种便捷有效的方法，使企业能够快速高效地进行结算，提高通关效率。通过“单一窗口”办理国际贸易相关业务，为科技型企业在研发上开展国际合作提供优质、便利的跨境研发服务。天津自由贸易试验区应深化对外开放，积极开展金融制度的创新，扩展科技企业的融资来源，减少其融资所需付出的成本。例如，容许企业到海外进行借款，激励金融机构为企业开设国外本外币融资以及自由贸易账户等业务。

（六）加快构建两者协同发展的核心平台载体

（1）在制度创新上，天津自由贸易试验区应率先试行，为天津国家自主创新示范区发展创造条件和积累经验，促进天津国家自主创新示范区对关键技术进行重点攻关，将其建成天津市“技术和管理创新”的核心平台载体，并带动其他各地积极创新。

（2）积极构建高端科技产业和服务贸易对接平台。天津国家自主创新示范区应以建设高水平研发产业总部平台、技术创新成果交易平台、为研发产品进行跨境电子商务提供服务的平台、为技术创新设备提供展览和使其享有保税的平台为建设重点。

（3）搭建展现、转化和交易科技创新成果的平台。积极构建科技产品出口退税或免税交易平台、保税技术产品展现平台、专利产品交易保税平台以及保税知识产权交易所等。

（4）为在国外并购重组成功的企业提供展现平台，为其他企业做示范，为科技型“新三板”上市公司企业呈递窗口或创立平台。

（5）搭建为技术革新提供金融服务的各种平台。天津自由贸易试验区的重中之重就是进行金融开放和创新，但这正是天津国家自主创新示范区发展的薄弱环节，应努力加强科技与金融的协同，通过两者的科技与金融有效协同，共同推动金融及科技领域的革新，搭建金融服务与技术创新的系列平台。例如，积极搭建两者金融协同发展平台，天津国家自主创新示范区建立为科技型企业走出国门提供金融服务的示范基地，搭建为吸引国外科研企业投资提供全方位服务的管理平台和为科研企业境内外资金有效流动提供平台等。

（七）两者协同打造强辐射区域

目前，天津国家自主创新示范区有很大的空间进行政策创新，但将这些政策具体实施的空间有限；而天津自由贸易试验区在这方面恰恰相反。通过两者有效的协同发展可辐射更广的地域范围，通过政策上不断创新，突出优势，搭建各种协同创新大平台，充分发挥双方试点政策效应，形成强辐射区域，从而进一步强化其在国内外的优势地位和影响力，提升其在区域经济和世界经济范围内的竞争力，并积极推动改革开放的深化以及科技的创新。

（八）在加快聚集国内外高端人才上实现两者协同

（1）两者协同促进人才面向全球流动。围绕重点产业急于攻关的重大科技项目，面向全球聚集急需的高端人才，为其设立专业实验室。积极促成国内外科研人员和机构联合攻关，增强科研实力，成果共享。

与国外机构合作，在境外设置相关的人力资源服务机构，为国内企业引进国际人才和开展国际人才合作提供服务。

（2）为引入的国外高端人才精简相关的办事程序。建立完善的引进的国外专家信息库，使其信息实现共享；为引进的外国专家在办理专家证、就业证、居留证时提供一站式服务，为其出入境提供便利。鼓励为中国培养的优秀外国留学生在我国就业、创业提供便利。对于在我国从事技术创新活动的持外国人永久居留证的高端外籍人才，使其享有与我国公民同等待遇。

（3）为引进的国内外高端人才日常生活提供令其满意的服务。为引进的国内外高端人才建设一批设施先进、生态环保的居住生活区。通过引进与激励社会资本进行投资，建成一批国际著名教育及医疗机构，为其提供所需的医疗和教育服务。使得境外人才看病结账能够运用到国际商业医疗保险。积极利用自由贸易账户的特色作用，进一步使外汇结汇的相关流程简单化，为其在金融上提供更便利与优质的服务。

第六章 自主创新、商业模式创新促进战略性新兴产业发展

第一节 依靠自主创新促进中国战略性新兴产业发展的新思考

当前世界各国特别是发达国家为了提高自身竞争力，都把依靠自主创新，培育和发展战略性新兴产业作为重要战略。中国只有通过自主创新，加快培育和发展战略性新兴产业，才能在未来的国际竞争中取胜。本节重点对依靠自主创新促进中国战略性新兴产业发展问题进行深入思考。

一、科学选择自主创新的技术突破口

发展战略性新兴产业，关键要选准自主创新的技术突破口。随着全球高科技竞争日趋激烈，自主创新技术开发的难度、风险和成本越来越大，这就要求各地区、各企业要根据前瞻性原则，立足现实，根

据战略性新兴产业对技术发展的实际需求、根据技术发展内在规律，结合自身已有的技术基础，选择能带来最大经济效益的技术进行自主创新，加强所选技术的可行性研究，加强基础研究和原创性研究，并使之产业化，形成一批具有市场潜力的国际、国内知名品牌，把能源技术、水资源技术、环境保护技术、装备制造业核心技术、信息产业核心技术、生物技术、空间和海洋技术的开发放在优先位置，加快我国战略性新兴产业的发展。在科学选择自主创新技术突破口的基础上，围绕自主创新动机，根据市场需求，形成创新思路，制定科学可行的自主创新方案，不断发明创造出战略性新兴产业发展所需的新技术，占据技术发展的制高点，使自主创新成果更好地服务于中国战略性新兴产业的发展。

二、通过体制创新推动自主创新

自主创新需要与其相适应的体制、机制，围绕自主创新，必须进行制度改革：

（1）解决好企业和科研院所产权明晰问题，明确责 任制，奖惩分明，以自主创新为核心设计制度体系，为促进企业和科研院所不断推进自主创新提供制度保障。

（2）创新企业管理体制改革。加强企业自主创新的有效管理，坚持效率最优化的原则，创新行政管理方式，减化相关审批制度，构建为自主创新服务的管理体制，做好科技、经济信息的搜集、整理和分析，逐步建立企业、行业间的信息联网系统，各级管理部门通过这种信息联网系统对企业自主创新进行指导、调控和协调。要重视企业自主创新决策工作，完善决策机制，吸纳各方人员成立决策领导小组，广泛听取意见，深入调研，实行决策责任制，监督决策的执行效果。

（3）推进财政税收和金融等领域改革，加大政府在税收、金融等方面对战略性新兴产业自主创新的支持力度，并提高投入的效率，避免盲目投资。

（4）发挥市场的调控作用，加强技术市场建设，促进技术产品转让和技术产权交易，加快自主创新技术产业化。

（5）推进教育文化体制改革，加快培养自主创新所需人才，实行创新型教育，为受教育者奠定自主创新知识基础，培养其创新意识和独立研究的能力，特别鼓励博士生、硕士生和本科生在学期间围绕战略性新兴产业的发展进行重大技术创新，为其搭建与企业联系的平台，为战略性新兴产业的发展提供所需的各类人才。

三、努力实行国内外的合作创新

战略性新兴产业的发展必须依靠最前沿的科技成果，在经济发展全球化背景下，自主创新不应该是封闭的，企业必须与国内外高等院校、科研院所以及大中小企业等建立多种形式的长期、有效和稳定的技术合作关系，实行国内外的合作创新。

（1）企业与国内高等院校和科研院所等进行合作。要支持和鼓励企业与科研院所及高校建立“产学研”合作机制，引导大学、科研院所围绕企业发展战略性新兴产业的技术需求进行研究开发，把企业发展战略性新兴产业的技术需求列入各级科技计划、形成各类科研项目，充分利用各类创新资源，集中解决自主创新难题。发挥已有的科研机构的作用，建设科研院所研发转化园区，聚集科技资源，发挥规模效应，形成创新合力，加快成果转化。依照公平竞争、自主联合的原则，选择战略性新兴产业急需的重点技术，建立多层次“产学研”联合研发基地，稳定持续地开展技术研发。政府通过制定一系列技术创新激励政策，设立重点企业战略性新兴产业研发中心建设专项基金，支持企业建立研究开发机构或组建“产学研”联盟，支持其自主创新。

（2）在经济全球化、一体化的背景下，本着风险共担、利益共享的原则，加强国际技术的交流与合作，要充分利用国际研发机构、可产业化的科技成果、专利及科技人才等各种创新资源，与国外对口的大学、科研机构和企业针对发展战略性新兴产业的关键技术联合攻关，积极参与相关的国际项目，规划建设外资研发机构园区，吸引跨国公司研发中心，引导外资的研发重点投向我国战略性新兴产业，多方式有效利用国外资金。促进企业开拓国际市场，提升产业自主创新能力。

（3）加强多层次自主创新服务体系建设，大力发展现代金融服务业、信息服务业、技术服务平台、中介服务业和其他新兴服务业，努力形成完善的、国际化的中介服务网络，为企业自主创新提供完善的服务。加强各地区、各企业的信息化建设，为企业开展国内外合作创新提供完备信息。努力创造世界一流的自主创新硬件条件，改造提升旧设备，避免建设中的浪费现象，提高所有硬件的最大使用效能。

四、激发中小企业自主创新活力

国内外实践表明，中小企业自主创新的效率远远高于大企业。中小企业在自主创新中发挥了极其重要的作用。在市场经济条件下，中小企业又是大企业形成的源头，美国的苹果、惠普、微软、IBM，我国的海尔、海信、华为、中兴、联想等，都是在市场竞争中从中小企业一点点发展起来的。目前我国中小企业自主创新在资金、技术、信息、市场、管理上面临许多问题，我们应该积极探索激发中小企业自主创新活力的有效路径，使它们能够在市场竞争中强大起来，发挥其在自主创新中的重要作用，把竞争作为中小企业不断进行自主创新的动力；颁布一系列法律、法规，在法律上保障中小企业的自主创新；成立各级中小企业管理服务机构，帮助中小企业做好自主创新工作；对中小企业自主创新提供优惠的政策体系，激励其自主创新的积极性和主动性。

五、加强对引进技术的研究和再创新

我国应向韩国和日本等国家学习，努力引进国外最前沿的技术，加强对引进技术的研究，在此基础上创造出更高端的技术，抢占战略性新兴产业所需技术的制高点。

（1）应做好对引进技术重要性的论证，避免盲目引进。

（2）要把引进的重点切实转到战略性新兴产业急需的核心技术上，努力做好引进技术与自主创新的结合工作。

（3）注重引进、消化吸收再创新的系统性和集成性，统筹规划，重点突出，利用“产学研”合作机制，搞好引进技术与已有技术的系统集成，在消化吸收的基础上实现再创新。

（4）制定一系列鼓励对引进技术研究和再创新的优惠政策。国家应设立激励企业和国内外科研机构共同对引进技术进行消化、吸收、再创新的专项基金，成立专门机构。

六、大力培育战略性新兴产业的自主品牌

着力于自主创新，大力培育战略性新兴产业的自主品牌战略是当务之急。大量的实践经验表明，在发展战略性新兴产业过程中，在扩张产业规模的同时，更要把培育战略性新兴产业品牌作为重点，按照“品牌产品—品牌企业—品牌产业—品牌经济”的发展思路，通过自主品牌整合国内外各种创新资源为中国战略性新兴产业发展服务，从

而带动中国战略性新兴产业的发展。创立自主品牌，必须有自主创新的核心技术做支撑，面对国内外市场的各种新变化，特别是消费者对产品的需求越来越多元化、个性化，只有培育自主创新的核心技术，才可能有战略性新兴产业持续发展的潜力，让更多的中国自主品牌在占领国内市场的同时，参与到国际竞争的行列中去，开拓和占领国际市场。我们应为企业创建自主品牌提供全方位服务，通过新闻媒体营造良好的争创自主品牌的氛围。

七、充分发挥市场机制的基础性作用和政府的支持作用

市场是企业自主创新的基础。但是，我国市场体系还不健全，必须将政府的宏观调控和市场的作用有机结合，完善技术市场，促进自主创新成果加快产业化。同时，还要严厉打击非正当竞争行为，保证竞争的规范有序，增强创新动力。

国外经验表明，自主创新的实现必须依靠政府支持与市场机制有机结合。政府一定要促进、协调和支撑战略性新兴产业领域的自主创新。具体来讲：

（1）要给企业减税、减负，引导社会一切力量加大对企业科研的投入，提高研发经费占 GDP 的比重；加大政府对自主创新的战略性新兴产业产品的采购力度；要对已有的和发展战略性新兴产业相关的各级技术研究开发机构、国家重点实验室等给予资助；要设立企业研制自主知识产权的专项资金，资助企业申请国内外发明专利。

（2）为企业整合和利用各种国际科技资源开展自主创新服务。

（3）加大自主创新知识产权的保护力度，提高知识产权侵权风险。构建公平竞争的市场环境，促使各类企业依靠自主创新在竞争中取胜。

八、加大人才开发建设力度

开发人力资源是自主创新的首要战略。中国企业要提高自主创新能力，必须真正树立“以人为本”的观念。为此：

（1）努力培养一批具有自主创新意识的企业家。企业家是企业自主创新的核心要素，自主创新要求企业家必须具有较强的市场竞争意识、需求意识、科技意识、创新意识，善于跟踪世界最新的科技、经济前沿信息，能对科技和产业的进展、市场发展趋势、竞争态势做出科学的分析、判断和预测，从而为企业自主创新做出科学决策。要注重培养企业家自主创新意识，提高企业家自身素质。建立面向全球选拔企业家的机制，引进和培养勇于创新的国际型、复合型高级企业家人才。

（2）坚持解放思想，开发企业人力资源，针对战略性新兴产业需要，加强人才培训工作，培养、选拔、使用优秀人才，创造条件使优秀人才在自主创新中发挥最大潜能。

（3）构建国际化的用人机制。同时，还须在合同制基础上，采取灵活多样的用人方式，积极引导大学和科研院所的科研人员到企业技术中心兼职工作。创造条件吸引海外人才回国创业，着力引进携带可转化的高新技术成果的科技领军人才，建设留学生、高层次海外人才创新创业基地。

（4）完善灵活多样的激励与约束机制，对自主创新决策者、科研人员、管理人员实行与创新效益直接挂钩的奖励政策，加大奖励力度，使人才在自主创新工作中发挥更大的作用。

九、努力解决自主创新政策的协调和配套问题

政策是国家和政府把企业引向自主创新轨道的极为重要的一种调

控手段，政策对企业内部自主创新机制的建立和企业外部创新环境的改善，起到引导、支持和保护作用。政策作为一个体系，要发挥政策的最大效能，必须要解决好政策体系的协调、配套问题和政策的落实问题，不协调、不配套、不能执行或不被执行的政策毫无意义，这就要求发挥政策操作系统的效能。我们建议：

（1）授权有关部门专门负责对新出台政策执行状况的跟踪调研和效果评估，通过这种制度化的调研和评估，随时修订和补充有关政策，提高政策体系的整体效能，尽量使各项政策配套，以求形成一套完整的自主创新政策体系。

（2）为加快发展战略性新兴产业，要把转变政策执行部门的思想观念和工作作风直接与政府机关的改革结合起来，以政策执行效果和为企业服务的好坏作为衡量其改革成效和工作业绩的标准。

（3）努力提高企业领导者的政策意识，把政策意识作为考核企业决策者素质的重要指标之一。切实发挥企业政策研究部门的作用，对企业政策研究人员组织系统培训，使他们成为政策研究的中坚力量，发挥政策的最大效能。

十、要解决好自主创新成果的实现问题

自主创新成果的实现就是把自主创新的成果尽快通过市场应用到实践中去，加快产业化，取得较好的经济效益。

（1）企业必须根据客户需求进行产品的设计，从产品质量、产品品种、产品价格上满足客户需求，加快自主创新成果的实现。企业必须树立面向市场的竞争观念，了解产品的竞争状况，面对竞争，努力提高创新产品的知名度和市场信誉，使之被国内外市场和用户所接受，增强自己产品的市场竞争和市场开拓能力，逐步形成和扩展自己稳定

的商品销售渠道。企业要加强自主创新成果实现的有效管理，组织专门的管理机构负责制定自主创新产品的营销、开拓市场方案。

企业必须不断强化为用户服务的理念，创新产品销售方式和手段，把售后服务置于重要地位，通过售后服务提高企业和产品信誉，设立专门的售后服务部门，加强售后服务信息搜集，建立产品质量的监督系统，实行对创新产品售后使用的跟踪调查，建立多层次国内外销售合作信息网，开拓销售渠道，企业通过积极的销售活动和售后服务，使自己的创新产品迅速进入国内乃至国外市场，并不断占有、巩固和扩大市场，收回自己研发生产转化成本，以使企业自主创新获得最大经济效益，有利于加快形成战略性新兴产业的产业体系。

（2）从政府层面讲，应实施一系列鼓励和保护商业模式创新的政策，应放松管制，打破垄断，开放市场；努力改善消费环境，培育新型消费观念。政府应制定鼓励出口的政策，对关键行业技术产品的出口实行出口奖励，为国内企业创造海外商业机会，同时又将国内企业推向国际竞争的市场，增强其危机感，促使国内企业加速自主创新及产业化的进程。

第二节 创新商业模式促进中国战略性新兴产业发展的对策

后金融危机时代，依靠科技创新培育发展新兴产业已成为世界各国尤其是发达国家提高国家竞争力的重大战略决策。以战略性新兴产业为载体，推动中国经济发展走上创新驱动、内生增长的轨道，是我国当前的首要任务。战略性新兴产业的发展必需建立在技术创新和商业模式创新结合的基础上。我们在对商业模式创新的内涵及条件进行分析的基础上，重点探讨通过商业模式创新促进战略性新兴产业发展的对策。

一、商业模式创新的内涵及条件

商业模式是指企业通过价值网络、价值链进行价值创造，向客户提供产品和服务并获取利润。

商业模式是一个系统，由不同组成部分、各部分间的连接关系及系统的“动力机制”三方面组成。商业模式的构成要素可归纳为：

（1）协作网络（价值提供中与其他公司合作关系网络）即合作网络。

（2）内部基础（提供价值的资源与活动安排）即企业内部价值链、核心能力、成本。

（3）产品（价值的形态）即产品或服务、渠道、客户关系。

（4）收益（价值实现的途径）即收益方式。

（5）市场（为谁创造价值）即目标客户。这些要素间存在密切关系，如核心能力和成本是企业内部价值链的结果或体现，客户关系依赖所提供产品或服务的性质及提供渠道。每个要素还以更为具体的若干维度表现出来，如市场类的目标客户要素，从覆盖地理范围看，可以是当地、区域、全国或者国际；从主体类型看，可以是政府、企业组织或者一般个体消费者；或者是根据年龄、性别、收入，甚至生活方式划分的一般大众市场或细分市场等。

商业模式创新是指把新的商业模式引入社会的生产体系，并为客户和自身创造价值，通俗地说，商业模式创新是指企业以新的有效方式赚钱。企业是商业模式创新的主体。构成商业模式创新的必要条件有：

（1）提供全新的产品或服务、开创新的产业领域，或以前所未有的方式提供已有的产品或服务。

（2）其商业模式至少有多个要素明显不同于其他企业，而非少量的差异。

（3）有良好的业绩表现，体现在成本、赢利能力、独特竞争优势等方面。

商业模式创新作为一种新型创新形态，在全球引起前所未有的重视，其重要性已经不亚于技术创新。商业模式创新被认为能带来战略性的竞争优势，是新时期企业应该具备的关键能力。

二、战略性新兴产业与商业模式创新的内在联系

（一）商业模式创新是战略性新兴产业形成的必要条件

战略性新兴产业需要建立适宜的商业模式，首先，对于战略性新兴产业的共性技术来说，一个好的商业模式甚至比灵感和技术本身更加重要。技术本身没有任何经济价值，只有将其商业化才有“产业”的形成。其次，战略性新兴产业的技术存在激烈的竞争，包括新兴产业内部的各种竞争、与其他产业具有替代性的技术之间的竞争，再先进的技术也需要以商业化获得满意的经济回报。

（二）战略性新兴产业的发展是商业模式创新的动力

战略性新兴产业的发展会带来已有产业、企业商业模式的重构。战略性新兴产业的突破性必然带来技术创新，而技术创新特别是破坏型和激进型的创新必然会引起商业模式相对比较彻底的创新。例如：低碳产业的发展需要从清洁能源产品直到消费者能源需求整个能源产业商业模式的改变，这种系统的改变需要市场应用的战略、更加低廉和安全稳定的能源产品、更恰当的政府政策等。

（三）战略性新兴产业的全球化要求商业模式创新

国际金融危机后全世界新一轮的新兴产业选择、进入和竞争已经展开，这意味着战略性新兴产业的市场和生产都必须着眼于全球，为了满足不同国家人们的需求，无疑需要新的产品、新的服务，这也是商业模式创新的开始，同时也会引起全世界范围内产业的地理位置、产业链的全球分布等一系列新的变化。

（四）商业模式创新有利于战略性新兴产业的加快形成

商业模式的创新改变了原有产业的产业形态，是一些战略性新兴产业创新的来源，商业模式创新会创造新的市场或者在旧市场上得到新机会，它会引起其本身以及附属产品和服务的变化，有可能会产生一些新兴产业。例如，新能源产业，它需要电网、能源服务等一系列行业的变化，因此，商业模式的创新有利于加快形成战略性新兴产业的产业体系。

三、创新商业模式促进中国战略性新兴产业发展的对策

（一）从企业层面讲

1. 从客户需求角度思考设计企业行为

商业模式创新的出发点，是如何从根本上为客户创造增加的价值。因此，商业模式思考的起点是客户的需求，根据客户需求考虑如何有效满足它。中国战略性新兴产业行业系统内部存在激烈竞争，企业在竞争中，要想获得较大的生存空间和较好的发展前景，就必须：

（1）挖掘并满足客户的隐性需求，差异化经营。企业生存的前提是满足消费者需求，为消费者创造价值。但要为企业营造一个宽松的发展环境，就必须挖掘顾客的隐性需求，即客户无法清晰表达、或者客户无法公开表达的需求，同时竞争对手还不知道的客户需求，或者

说行业内都知道但却没有人能够满足的客户需求。只有找到并满足客户的隐性需求，尤其是客户的隐性核心需求，企业才能在竞争中赢得先机。当前，消费者的选择空间越来越大，消费理念、消费行为更加趋于个性化和感性化，企业提供的有形产品质量不再是让消费者满意的唯一指标，商业模式创新也常体现为服务创新，表现为服务内容及方式和组织形态等多方面的创新变化。

（2）选择适合自己的生存空间。企业为了避免生产或经营的产品被竞争对手所替代，在竞争中，企业可以根据自己以及竞争对手的实力和特点，进入对手没有发现或者不在意的领域，选择适合自己的生存空间，避免正面冲突和竞争。

（3）提升产品和服务品质，对客户进行再定位。当企业生产经营的产品遭遇太多的竞争对手的围剿或者是被替代，那么企业还可以通过提升产品和服务的品质和内涵重新定位顾客，为企业赢得良好的生存环境。

（4）提升改造旧技术。新技术的出现反而会凸显旧技术的异质性，给旧技术带来新的生存空间。

2. 有效整合内外资源，拓展企业生存空间

21 世纪信息发达、知识更新速度快，企业可利用的资源得到拓展。知识更新加速了技术和经营创新。

（1）企业间的合作和联盟越来越被企业所接受。企业间的合作，可以把市场做得更大，拓宽彼此的生存空间，增强彼此的市场竞争力。

（2）进行价值链的再审视，围绕核心能力，优化价值增值链条。企业是盈利型组织，寻找最大限的、适合自己的利润区，是经营者的重要任务之一。这就需要企业一方面重新来审视自己在整个产业链中的位置，

扬长避短，利用外部资源，实行虚拟经营。另一方面，围绕企业的核心能力延伸价值链。

（3）确立独特的盈利模式，为企业确立更具竞争力的生存空间。

（二）从政府层面讲

1. 加大政府采购力度

在战略性新兴产业发展过程中，部分产业在发展初期由于成本因素难以与传统的替代性产业进行价格竞争，企业或居民对这些产业产品或服务的有效需求不足。因此，应充分利用政府采购支持国内自主品牌。中国加入《政府采购协定》（GPA）是大势所趋，开放政府采购市场，对中国战略性新兴产业发展将会产生重大影响。对此，中国应采取保护性开放策略，尽快完善政府采购制度和法规，尤其是要加快研究和制定 GPA 下政府采购优先购买和必须购买国内产品的目录。目录制定应以促进国家战略性新兴产业发展战略的实施为基本原则，充分体现国家对战略性新兴产业发展的战略意图。对非 GPA 目录下的战略性新兴产业产品或服务，应明确必须购买本国产品，对 GPA 目录下的战略性新兴产业产品或服务，应优先购买本国产品。

2. 制订和实施相关的建设规划和公共项目

政府规划和公共项目是直接拉动战略性新兴产业发展的有力手段，对全社会未来需求的扩大具有示范性，因此，要特别重视政府规划和公共项目的激励作用，在政府不宜直接采购的产业领域，可通过政府的公共项目规划来创造社会需求。比如，在城市群之间规划建设轨道交通，在城市市区等规划电动车、混合动力车占比等。当前中国即将实施的新兴能源发展规划、新能源汽车发展规划等都具有很强的需求激励作用，将对节能环保、新能源等战略性新兴产业的发展产生长远而深刻的影响。应进一步加强与生物产业、高端装备制造等其他产业相关的规划和公共项目建设。

3. 实施一系列鼓励和保护商业模式创新的政策

政府可以对商业模式创新通过授予专利等给予积极的鼓励与保护。完善政府服务，积极推动各地的商业模式创新，商业模式创新企业可评为高科技企业或软件企业，享受相应优惠政策。对商业模式创新成功的企业进行宣传推广，对众多中小企业起到引导、示范作用，并使全社会关心支持商业模式创新，营造创业创新的浓厚氛围。政府要在政策层面上对商业模式创新给予支持，在管理上应放松管制，打破行业垄断和市场垄断，开放市场；同时，对合同能源管理等新型业态，采取包括降税在内的政策支持，营造公平竞争的市场环境。

完善产品价格、消费税费和贷款支持政策。具体包括购买价格补贴、消费税减免、消费贷款贴息等方式，其本质是通过降低用户的购置成本来刺激社会需求，适用于价格高于传统产品或用户对性能存在疑虑的新产品，如可再生能源、电动汽车等。应适应消费需求绿色化、低碳化趋势，完善绿色产品、低碳产品的价格和税费支持政策。一方面，应完善对购买环节的消费支持政策。对企事业单位和居民购买节能降碳、节水节材商品，实施一定的价格补贴或税费减免，大额商品给予消费信贷支持。另一方面，应重视对产品使用环节的消费支持的政策效应。这种手段适用于在使用过程中仍然需要用户支付费用的节能环保产品。

积极培育拓展下游市场。在我国，战略性新兴产业目前仍处于市场培育阶段，很多行业都面临市场化瓶颈。利用相关政策刺激下游的市场需求，通过需求拉动产业发展，从而将竞争和行业格局交由市场去解决。

4. 政府帮助企业开拓国际市场

政府应树立为企业开展国际化营销的理念，积极拓展政府的国际资源，为企业开展国际市场政府营销，帮助企业开拓国际市场。比如，通过友好城市、项目共建等多种形式，加强对外宣传，提升企业的国际形象。充分利用驻外使馆、国外华商会、国际互联网络等网络资源，帮助企业获取商业信息和交易机会。通过项目互换、公共项目支援等形式，支持战略性新兴产业领域重点企业签订国际订单。

5. 努力改善消费环境

（1）要加快推进相关产品认证，建立产品标识认证体系，让公众了解创新产品相对传统产品的优越性，正确识别新产品。

（2）要完善消费信用体系，发展消费信贷。

（3）要加强产品打假活动，大幅度提高制售假冒伪劣产品或冒用产品标识认证标志等行为的违法成本，保护合法企业的合法利益。譬如，通过改善绿色产品消费环境，可促进消费的重点由高能耗、高污染的产品向环保型、低能耗产品转移，促使全社会形成“改善绿色产品消费环境→促进绿色消费需求→推动绿色产业生产→提供更多更高质量的绿色消费品”的产业发展良性循环。

6. 引导新型消费观念

我国战略性新兴产业大多还处于产业生命周期的前期，并以发展绿色能源和低碳经济为主题，市场中存在多种相互竞争的技术，产品创新速度快，消费者的消费理念需要做出调整，对于新生事物的接受需要时间，从而增加了产品市场的高风险性。因此，要积极引导新型的节能、环保消费理念；加快新兴产业市场的培育，放宽市场准入政策，鼓励产业内的价格适度竞争；加强对新兴产品的比选，在需求应用条件相对成熟的重点领域、重点地区、重点行业，鼓励开展先行先试，在取得一定的成功经验后，再逐步推广，逐步形成成熟的市场化盈利模式。

本章的研究成果同样适用天津战略性新兴产业的发展。

参 考 文 献

[1] 天津市科学技术委员会．天津推进国家自主创新示范区建设取得新成效 [EB/OL]．www.most.gov.cn/dfkj/t，2017-11-1.

[2] 魏桥．天津自贸试验区建设成效显著 [EB/OL]．www.eastmoney.com/，2018-9-19.

[3] 张璟．国家自主创新示范区简介 [EB/OL]．http://www.enorth.com.cn，2015-04-09.

[4] 刘昌刚．关于中国自由贸易试验区概况 [EB/OL]．blog.sina.com.cn/s，2017-4-2.

[5] 杨亚琴．自贸试验区与张江国家自主创新示范区联动发展研究 [J]．科学发展，2015（5），69-72.

[6] 戴颖．依托“双自联动”激发创新活力：建设国家自主创新示范区的经验与启示 [J]．天津经济，2016，（1）：14-17.

[7] 肖林．中国（上海）自由贸易试验区改革开放成效与制度创新研究 [J]．科学发展，2015，（1）：69-77.

[8] 邓江年．“双自”五大联动 叠加创新能量 [N]．南方日报，2016-03-22（ZC02）.

[9] 韦浩．上海自由贸易试验区制度创新与发展 [J]．党政论坛，2014，（8）：28-30.

[10] 朱应平．以功能最适当原则构建和完善中国上海自由贸易试验区制度 [J]．行政法学研究，2015，（1）：50-57.

[11] 宗和．福建自贸区揭牌运作深化两岸经济合作 [J]．福建轻纺，2015，（4）：27-28.

[12] 贾荣和．浅析中国（上海）自由贸易试验区国际贸易仲裁的有益尝试 [J]．青年学报，2014，（4）：94-96.

[13] 太平．自贸试验区深化外商投资管理体制改革难点与思路 [J]．学术交流，2015，（10）：169-174.

[14] 郝生宾．企业自主创新能力形成的协同机制研究 [J]．工业技术经济，2011，30（1）：34-38.

[15] 邓慧明．合芜蚌自主创新试验区的地方政府合作现状及对策研究 [D]．合肥：安徽大学，2015.

[16] 杨宏呈．基于突破性创新视角的战略性新兴产业发展研究 [D]．武汉：华中科技大学，2013.

[17] 曹洪军．企业自主创新能力评价体系研究 [J]．中国工业经济，2009，（9）：105-114.

[18] 陈洪涛，施放，郑才林，等．基于政府作用的新兴产业发展研究 [J]．西安电子科技大学学报（社会科学版），2008，18（4）：118-123.

[19] 方荣贵．新兴技术向战略性新兴产业演化中政府政策分析 [J]．技术经济，2010，（10）：1-6.

[20] 洪银兴．自主创新投入的动力和协调机制 [J]．中国工业经济，2010，（8）：15-22.

[21] 胡海波．产业自主创新能力评价指标体系构建及实证检验 [J]．财经问题研究，2010，（9）：28-32.

[22] 李飞龙，李贵龙，吴世园．长株潭两型社会建设科技自主创新体系研究 [J]．湖南大学学报，2010，（7）：156-160.

[23] 李文辉．陕西省区域科技自主创新能力的评价与分析 [J]．统计与决策，2010，（7）：95-97.

[24] 刘志阳，程海狮．战略性新兴产业的集群培育与网络特征 [J]．改革，2010，（5）：36-42.

[25] 刘志阳．战略性新兴产业主导设计形成机理与竞争策略研究 [J]．经济社会体制比较，2010，（5）：165-171.

[26] 屈超．中国城市软件产业自主创新能力研究 [M]．北京：知识产权出版社，2010.

[27] 张嵎喆．培育战略性新兴产业的政策评述 [J]．经济研究参考，2010，（10）：15-19，43.

[28] 赵刚．美国政府支持新兴产业发展的做法和启示 [J]．科技促进发展，2010，（1）：49-51.

[29] 赵玉林，刘国龙．创新协同促进高技术产业成长的机制分析与实证研究 [J]．南阳理工学院学报，2010，2（1）：78-84.

[30] 郭娟．基于自主创新的湖南战略性新兴产业成长机制研究 [D]．湘潭：湘潭大学，2011.

[31] 李宁，金浩．区域创新带动天津市战略性新兴产业发展研究 [J]．环渤海经济瞭望，2012，（10）：22-24.

[32] 曾昭宁，魏珍．日本、芬兰、美国发展战略性新兴产业的经验及启示 [J]．商业时代，2011，（11）：121-123.

[33] 乔为国．商业模式创新 [M]．上海：上海远东出版社，2009.

[34] AGARWAL R, GORT M. The evolution of markets and entry: Exit and survial of Firms[J]. Review of Economics and Statistics, 1996,78(3): 489-498.

[35] HENDERSON R M, CLARK K B. Architectural innovation: The reconfiguration of existing technologies and the failure of established firms[J]. Administrative Science Quarterly, 1990,35(2): 9-30.

[36] KLEPPER, S, GRADDY E. The evolution of new industries and the determiants of market structure[J]. RAND Journal of Economics, 1990,21(1): 27-44.

[37] UTTERBACK J M. Mastering the dynamics of innovation[M].Boston MA：Harvard Business School Press.1994.